WOGUO XIAOWEIQIYE
RONGZI DANBAO FUWU ZHIXIAO YANJIU

我国小微企业
融资担保服务质效研究

文学舟　著

中国财经出版传媒集团

经济科学出版社
Economic Science Press
北京

图书在版编目（CIP）数据

我国小微企业融资担保服务质效研究/文学舟著
. --北京：经济科学出版社，2023. 10
ISBN 978 - 7 - 5218 - 5176 - 2

Ⅰ. ①我…　Ⅱ. ①文…　Ⅲ. ①中小企业 - 企业融资 -
担保 - 研究 - 中国　Ⅳ. ①F279. 243. 56

中国国家版本馆 CIP 数据核字（2023）第 181788 号

责任编辑：胡成洁
责任校对：刘　娅
责任印制：范　艳

我国小微企业融资担保服务质效研究
WOGUO XIAOWEIQIYE RONGZI DANBAO FUWU ZHIXIAO YANJIU
文学舟　著
经济科学出版社出版、发行　新华书店经销
社址：北京市海淀区阜成路甲 28 号　邮编：100142
经管中心电话：010 - 88191335　发行部电话：010 - 88191522
网址：www. esp. com. cn
电子邮箱：espcxy@ 126. com
天猫网店：经济科学出版社旗舰店
网址：http：//jjkxcbs. tmall. com
北京季蜂印刷有限公司印装
710 × 1000　16 开　13. 5 印张　220000 字
2023 年 10 月第 1 版　2023 年 10 月第 1 次印刷
ISBN 978 - 7 - 5218 - 5176 - 2　定价：68. 00 元
（图书出现印装问题，本社负责调换。电话：010 - 88191545）
（版权所有　侵权必究　打击盗版　举报热线：010 - 88191661
QQ：2242791300　营销中心电话：010 - 88191537
电子邮箱：dbts@ esp. com. cn）

本书为江苏高校哲学社会科学研究重大项目"江苏小微企业融资担保有效性的影响因素及提升路径研究"（项目编号：2018SJZDA006）、江苏省社会科学基金项目"江苏小微企业融资担保的效率测度及提升策略研究"（项目编号：18GLB012）、国家社会科学基金项目"金融科技破解小微企业信贷供求错配困境的作用机制及实现路径研究"（22BGL065）、江苏高校哲学社会科学研究重大项目"金融科技赋能江苏小微企业信贷精准供给的实现路径研究"（项目编号：2022SJZD017）的研究成果。

本书由江南大学学术专著出版基金、江南大学商学院学术专著出版基金资助出版。

前　言

　　由于规模小、实力弱、缺乏充足抵质押品等弱质性，小微企业外部融资渠道有限，融资约束成为其发展壮大的绊脚石。而融资担保公司可为资信不高、难以获得银行等金融机构认可的小微企业提供担保，为其引来金融活水，同时分散银行贷款风险，从而有效发挥金融的普惠作用，在一定程度上缓解小微企业融资困境。但是我国融资担保行业起步晚，发展尚未成熟，加上部分融资担保公司出现金融化等偏离主业或违规操作的现象，使得小微企业融资担保服务质效低下，担保行业可持续发展受限。为规范和发展担保行业，国家也陆续出台了一系列政策，2017 年 8 月，国务院颁布了《融资担保公司监督管理条例》；2019 年 1 月，国务院办公厅出台了《关于有效发挥政府性融资担保基金作用切实支持小微企业和"三农"发展的指导意见》；2020 年 8 月，中国银保监会等七部门发布了《关于做好政府性融资担保机构监管工作的通知》；2022 年 4 月，中国银保监会办公厅发布了《关于 2022 年进一步强化金融支持小微企业发展工作的通知》。以上政策文件对融资担保公司自身发展及其服务实体经济的质效水平提出了更高要求。面对新形势、新产业以及日益严格的监管，融资担保公司出现大幅缩水的现状，现有融资担保公司如何保证小微企业融资担保服务的有效供给？如何提升小微企业融资担保服务质量和效率以持续助力小微企业信贷可得性？这些问题如果不能及时解决，不仅会极大地阻碍融资担保公司自身可持续发展，还会严重影响其对小微企业融资担保的服务质效，从而加剧小微企业的融资约束。因此，科学测度小微企业融资担保服务的质效，并以此为基础，探讨小微企业融资担保服务质效的影响因素和提升策略具有重要的理论价值和现实意义。

本书立足于国内外理论研究前沿和小微企业融资担保发展实践，在公共产品理论、融资担保相关理论等的指导下，较为系统、深入地研究了小微企业融资担保服务质效的影响因素和提升策略。首先，构建了小微企业融资担保服务质效的评价指标体系，通过向部分小微企业发放问卷，利用熵值法对各维度的具体权重赋值，综合评价了各类担保公司的服务质量。并结合三阶段 DEA 模型结果，评价样本融资担保公司的效率，且对效率差异进行了分析。其次，在服务质量方面，通过构建演化博弈模型，分析企业选择、政府监管和担保行业竞争等三种外部主体行为对提升融资担保服务质量的影响。接着，在担保服务有效性方面，以 208 家担保公司为研究对象，借助结构方程模型，从担保公司、银行和政府等不同视角实证分析了影响融资担保有效性的因素。再次，在担保效率方面，利用三阶段 DEA 模型测度了 190 家担保公司的小微企业融资担保效率，并结合 Tobit 模型，从宏微观视角对小微企业融资担保效率的影响因素进行回归分析。最后，在对小微企业融资担保服务质效的理论分析和实证研究的基础上，从担保服务质量、服务有效性和担保效率三个方面提出了相应的对策建议。

本书主要研究结论如下。

　　第一，在服务质量方面，互助性融资担保公司的服务质量综合评价最高，其次是政策性融资担保公司，商业性担保公司的担保服务评价最低。融资担保服务质量各维度上不同类型融资担保服务的表现不尽相同，互助性融资担保服务质量一枝独秀，政策性和商业性融资担保服务却有所差异。影响融资担保服务质量的因素有融资担保公司自身提供服务的成本和收益、小微企业的收益及成本、政府的惩罚成本、罚金收入、融资担保行业内的良性竞争和行业成本等。

　　第二，在服务有效性方面，当前小微企业融资担保减量增质态势明显，但担保有效性仍然不足。银行合作态度在担保公司财务实力和小微企业资信水平对小微企业融资担保有效性的影响中起部分中介作用。担保公司业务能力和小微企业经营状况对小微企业融资担保有效性具有较为显著的影响。政府政策扶持可通过作用于融资担保公司直接提升融资担保有效性。

　　第三，在担保效率方面，融资担保公司担保综合效率有待提升，主要原因在于规模效率低下。以江苏省为例，经济运行环境对商业性融资担保公司的担保效率影响较大；对于政策性融资担保公司而言，加强担保能力是提升融资担保效率的关键；商业银行与商业性融资担保公司合作意愿的强化可有效提升江苏商业性融资担保效率。

　　本书研究成果对于丰富和深化我国融资担保服务质量、有效性和效率等方面的相关理论、视角和方法具有一定的学术价值。同时，为融资担保机构、金融机构和政府相关部门完善小微企业融资相关扶持政策提供了理论依据，有利于促进担保行业践行普惠金融理念，更好地服务小微企业融资，实现行业的健康可持续发展。

目　　录

第1章 绪 论

融资担保可通过供给侧增信撬动银行信贷资金，引来金融活水，以缓解小微企业融资难题。但是目前我国融资担保服务质量有待提升、有效性不足、服务效率偏低，这不仅制约了行业可持续发展，也影响了小微企业融资覆盖面及获得率。本章首先分析融资担保质效问题的相关背景，阐述担保质效研究的理论意义与现实意义，并介绍了本书的研究内容、研究方法和创新点。

1.1 研究背景和意义

1.1.1 研究背景

小微企业是我国市场经济的重要组成部分，在提供就业机会、促进技术创新、创造 GDP、增加税收等方面做出了较大的贡献。是国民经济和社会发展的生力军。但由于规模小、实力弱、缺乏充足抵质押品等原因，小微企业融资难问题突出，成为其发展壮大的瓶颈。多年来，小微企业融资渠道主要为银行贷款，但很多贷款仅能满足部分有充足抵质押品或产品销路较好的企业，其他不符合条件的小微企业则不能从银行获得资金，面临着较为严重的融资约束。虽然有深圳证券交易所创业板、中小企业板、北京证券交易所、上海证券交易所科创板等直接融资渠道，但发行股票和债券的门槛仍然较高，只有较低比例的小微企业符合要求，大多数小微企业仍被拒之门外。大多数小微企业融资主要依靠银行贷款，但小微企业获得的贷款与其对国民经济的贡献不匹配。融资约束问题将迫使没有获得信贷资源的小微企业面临经营困难，甚至发生破产、倒闭等现象，这将对我国就业环境、经济增长、税收收入等带来负面效应。因此，在国家不断强调稳就业、稳增长的背景下，提升融资担保服务质量、提高融资担保效率以缓解小微企业融资约束问题显得尤为迫切。

小微企业融资难题虽表现在"需求侧"，但破解需在"供给侧"发力。融资担保公司可为资信不高、难以获得银行等金融机构认可的小微企业贷款提供担保，通过供给侧增信为小微企业引来金融活水，同时分散银行贷款风险，进而缓解我国小微企业融资困境，优化社会资源配置。一方面，作为小微企业和金融机构之间的桥梁，融资担保公司能够减弱信贷市场上的信息不对称，为小微企业增信。另一方面，担保公司可以分散银行的贷款风险，减少银行坏账率，提高银行收益。融资担保公司能够促进资金融通，发挥普惠金融作用，从而在一定程度上缓解小微企业融资困境。

近年来，部分融资担保公司出现不以融资担保为主业的情况，更有违规操作、甚至于破产的现象，如"中担事件""华鼎事件"等，极大地增加了担保代偿规模和代偿率，担保行业的乱象横生制约了行业发展，使得担保服务小微企业融资的质量和效率低下，未能很好地发挥其在小微企业与贷款机构之间的"桥梁"作用。为了整治行业乱象层出不穷之恶态，我国相继出台了一系列政策。2013 年，银监会发布了《关于清理规范非融资性担保公司的通知》，对非法经营的非融资性担保公司开展集中清理，规范融资担保行业发展。2015 年，国务院出台《关于促进融资担保行业加快发展的意见》提出了推进融资担保机构减量增质、做精做强的目标，2017 年，全国金融工作会议中提出的金融机构回归本源的原则和服务实体经济、防范金融风险的任务，以及 2017 年《融资担保公司监督管理条例》、2019 年《融资担保公司监督管理补充规定》和 2020 年《关于做好政府性融资担保机构监管工作的通知》和《中国银保监会办公厅关于 2022 年进一步强化金融支持小微企业发展工作的通知》等政策文件的出台，均对融资担保公司自身发展及其服务实体经济的质效水平提出了更高要求。

面对市场新形势、新产业、新动能，以及融资担保公司数量大幅缩水，现有融资担保业务何以为继，如何保证现有融资担保公司服务小微企业融资能力的有效供给，如何提升供给侧增信水平，持续增加小微企业融资可得性，如何防范金融机构脱实向虚的金融风险。这些问题若得不到及时解决，不仅会极大地阻碍融资担保公司自身健康、可持续发展，还会严重影响其对小微企业融资扶持的覆盖面及效率，使得本就棘手的小微企业融资难题雪上加霜。因此，科学测度小微企业融资担保服务质效，并以此为基础，系统分析影响小微企业融资担保效率的主要因素，是助力小微企业健康发展的关键。

1.1.2　研究意义

基于上述背景，开展对小微企业融资担保质效的测度及其影响因素的研究，具有重要的理论意义和现实意义。

1. 理论意义

研究立足于国内外相关研究成果，以融资担保理论为指导，测度融资担保效率，并将演化博弈分析和结构方程模型有机结合，在揭示融资担保质效现状的基础上，分析小微企业融资担保参与主体共生决策行为，进而系统研究各参与主体特征对担保质效的影响。相对于已有研究而言，本书所取得的研究成果可创新和丰富我国小微企业融资担保多主体共生策略演化、小微企业融资担保质效影响因素等方面的相关理论、方法和指标体系，并为学术界继续开展相关研究提供一定参考。

2. 现实意义

研究致力于提升融资担保服务小微企业融资质效，是应对党的十九大、二十大提出的发展挑战（实体经济发展质量和效益有待提高、金融服务实体经济能力有待加强）在融资担保领域的一次探索和实践。选择行业发展较为成熟、相对具有代表性的江苏省担保行业开展实践调研，分析江苏小微企业融资担保有效性的制约因素，揭示融资担保各参与主体对担保有效性的具体作用机制，并在此基础上提出小微企业融资担保有效性的提升路径。研究成果将有助于进一步厘清小微企业融资担保质效的影响因素，为担保主管部门、金融机构完善相关扶持政策提供决策参考，也为担保公司完善自身担保业务提供理论依据，进而促进融资担保公司的健康、可持续发展，推动其在支持小微企业融资中作用的发挥，有效缓解小微企业融资困境。

1.2 研究内容与方法

1.2.1 研究内容

本书共计 10 章，具体内容如下。

第 1 章绪论。主要介绍我国小微企业融资担保服务质效的研究背景、目的和意义、研究内容、研究方法和创新点。

第 2 章国内外研究现状。对融资担保服务质量、有效性和效率的国内外研究成果及观点进行梳理和总结，并对前人的研究进行评述。

第 3 章相关概念及理论基础。首先对小微企业、融资担保、融资担保服务质量、有效性和效率相关概念进行界定；其次梳理研究的理论基础，包括准公共产品理论、信息不对称理论、信贷配给理论、融资担保相关理论等理论；最后介绍本书所采用的主要工具和方法。

第 4 章小微企业融资担保服务质效评价指标体系的构建。本章首先对小微企业融资担保服务质效的现状进行分析；其次构建小微企业融资担保服务质量评价量表和小微企业融资担保效率测度指标体系。

第 5 章小微企业融资担保服务质效评价。本章基于前文的评价量表和指标体系，通过 DEA 方程以及服务质量模型，对小微企业融资担保服务质量以及小微企业融资担保效率进行了评价。

第 6 章小微企业融资担保服务质量影响因素分析。本章首先阐述博弈主体选择及作用机理，其次分别研究企业选择、政府监管、行业竞争对小微企业融资担保服务质量的影响。

第 7 章小微企业融资担保服务有效性影响因素实证分析。本章首先确立小微企业融资担保有效性影响因素量表；其次阐述数据收集与分析；再次进行结构方程全模型检验；最后实证研究小微企业融资担保有效性影响因素。

第 8 章小微企业融资担保效率影响因素分析。本章以江苏省为例，首先进行小微企业融资担保效率影响因素的研究假设；其次建立融资担保效率影响因素的模型以及设计指标体系；再次，构建融资担保效率影响因素量表前测及最终量表，并对融资担保效率影响因素最终量表信度与效度进行分析及相关性检验；最后，进行小微企业融资担保效率的影响因素回归分析。

第 9 章提升小微企业融资担保服务质效的对策建议。基于前文的研究，本章主要内容包括：小微企业融资担保服务质量的提升策略、小微企业融资担保服务有效性的提升策略以及小微企业融资担保效率的提升策略。

第 10 章结论与展望。基于前文分析，得出融资担保服务质量、融资担保有效性、融资担保效率相关研究结论。此外，指出了本书有待完善之处，指明可进一步研究的方向。

1.2.2 研究方法

（1）文献研究法。利用 Emerald、Science Direct、ISI Web of Science、中国知网、万方数字化期刊等网上数据库和图书馆资源，梳理国内外融资担保相关文献资料并进一步分析，总结国内外相关理论研究成果，获取小微企业融资担保相关的理论知识、融资担保增信和融资担保效率现状、小微企业融资现状、银行等金融机构合作、政府扶持等主题的现有研究，为本书提供借鉴和参考。

（2）调查研究法。依靠江苏省信用担保协会、江苏省银监局盐城分局以及江苏银行等单位的力量，采用实地访谈、电话、电子邮件发送等方式开展问卷调查，获取一手数据。基于此，对江苏小微企业融资担保及质效现状进行深入分析，并进一步获取实证分析的数据资料。

（3）演化博弈分析法。基于各参与主体的利益实现机制，构建小微企业、融资担保公司、商业银行之间的演化博弈模型，分析参与者合作策略选择，并寻求演化稳定策略，为后续影响因素研究假设的提出提供理论基础。

（4）三阶段 DEA 模型。本书运用三阶段 DEA（数据包络分析）模型，选取融资担保公司内部投入产出指标，对小微企业不同模式融资担保效率进行系统测度。三阶段 DEA 模型有效地剔除了外部环境及随机干扰对小微企业融资担保效率的影响，效率测度结果更为准确和客观。

（5）回归分析法。在三阶段 DEA 分析结果的基础上，结合回归分析法，运用 SPSS 统计分析工具，以江苏省为例，对各个观测变量的影响程度排序，进一步分析各个宏微观因素对小微企业融资担保效率的影响方式和程度，为对策建议的提出提供理论支持。

（6）结构方程模型（SEM）。通过构建小微企业融资担保有效性影响因素的结构方程模型，运用 SPSS 和 AMOS 软件对获取的数据开展模型的信度、效度检验，获取担保有效性影响因素的路径系数，揭示融资担保公司自身、小微企业、银行及政府对担保有效性的具体影响方式与程度。

1.3 本书的创新点

（1）指标体系的创新。从宏微观角度全面探讨不同模式融资担保公司为小微企业提供担保的效率的影响因素。现有研究对融资担保效率的影响因素多数是对融资担保外部影响因素的研究。本书首先进行小微企业不同模式融资担保效率测度，揭示不同模式融资担保效率现状特征，在此基础上深度考虑宏观与微观影响因素对江苏省不同模式融资担保公司担保效率的影响；在融资担保效率影响因素方面，现有研究主要从融资担保公司、银行、企业等几个层面进行研究，鲜有对不同模式融资担保的宏微观影响因素进行划分研究。

（2）博弈模型的创新。构建演化博弈模型分析多主体参与小微企业融资担保的共生决策行为。现有小微企业融资担保质效影响因素的研究多从经营管理层面展开，较少考虑主体利益实现和决策行为等因素的作用。因此，本书通过构建演化博弈模型分析多主体共生决策行为对小微企业融资担保质效的影响，为小微企业融资担保效率的分析提供理论基础。

（3）研究方法的创新。应用结构方程模型系统地探讨小微企业融资担保有效性影响因素的影响方式与影响路径。现有研究以层次分析法结合主成分分析法以及 Tobit 回归模型为主，难以科学有效地揭示多变量间的作用关系和探究复杂的影响路径。本书聚焦融资担保行业，全面剖析小微企业融资担保有效性的影响因素，并应用结构方程模型探讨小微企业融资担保有效性，有效揭示小微企业融资担保多变量间的作用关系，并深入探究各个影响因素复杂的影响路径。

第 2 章　国内外研究现状

融资担保是信用担保的一种，有的文献也用信用担保代表融资担保，因而融资担保公司也被称为"担保机构"。随着 2017 年国家颁布《融资担保公司监督管理条例》，"融资担保"一词也开始在学术界被使用了，但二者在学术以及实践中的作用没有发生改变。本书使用了"融资担保"作为研究对象的名称，但在概念界定及文献综述时会涉及前人研究，因此本书中会出现"信用担保""担保机构"等字样。而本章总结的国内外有关融资担保的研究，涉及各种规模的企业，这些为本书进行小微企业融资担保服务质效评价、影响因素及提升策略的研究提供了借鉴。

2.1　国外文献综述

2.1.1　有关融资担保服务质量的研究

1. 关于服务质量评价的研究

国外对于服务质量的研究由来已久，顾客感知服务质量模型（Gronroos，1984）和服务质量差距模型（Parasuraman et al.，1985）为服务质量的研究开辟了先河，为研究不同领域的服务质量提供了指导，虽然还未出现明确的有关融资担保服务质量的研究，但前人在不同领域的研究也为本书奠定了基础。格罗鲁斯（Gronroos，1984）认为服务质量包括了技术质量和功能质量，即服务质量不仅包括服务结果，也应注重服务的传递过程。为了将服务质量量化以便于评价，帕拉休拉曼等（Parasuraman et al.，1985）将顾客对服务的预期与实际感知的差值定义为服务质量，由此形成了服务质量差距模型，该模型包括可靠性、响应性、能力、可进入性等 10 个维度。帕拉休拉曼等（1988）又基于该概念模型设计了包含有形性、可靠性、响应性、保证性、移情性 5 个维度及相应 22 个变量的 SERVQUAL 量表，修正后形成了目前广泛适用的 SERVQUAL 量表（Parasuraman et al.，1994）。而这一量表也被运用在了不同的领域，如信息系统（Jiang et al.，2002；Thomas et al.，2010）、电子学习（Godwin et al.，2011）、酒店和旅行社（Ruiqi et al.，2009；Veljko et al.，2013）、医疗服务（Peprah et al.，2014）、银行服务（Syed et al.，2015）、教育机构（Farah，2018）、医生能力（Huang et al.，2022）、建筑设施（Valiyappurakkal，2022）、能源管理（Tiwari et al.，2022）等。

同时，为了对服务质量进行更为全面的评价，学者们引入了其他的服务质量评价方法。如引入双向质量模型，从消费者角度对市场服务进行评价（Schvaneveldt et al.，1992）。可汗等（Khan et al.，2007）运用数据包络分析（DEA）对技术教育系统的服务质量进行了评估。运用梯形模糊数设置语言标签，提出了一种语言决策方法对组织服务质量进行评价（Chen，2001）。还有学者运用层次分析法对放射科医疗服务质量进行横断面评价研究（Alimohammadzadeh et al.，2015），采用结构方程模型评价了电子参考服务（Elena，2019）。诺加万等（Nojavan et al.，2021）提出了一种新的基于服务质量的混合模糊方法，从 SERVQUAL 问卷、层次分析法、TOPSIS 法以及 DEA 四个层次对教育单位的服务质量进行绩效评估。

由此可见，SERVQUAL 评价模型被应用到了多个领域，验证了模型的有效性和可行性，同时其他关于服务质量评价的方法也为本书提供了丰富的研究思路。

2. 关于担保机构服务企业效果的研究

担保机构作为为企业融资提供增信服务的机构，在提高企业信用等级的同时，也为银行等资金提供方分散了信用风险，促使资金向更多的企业流动，优化社会资源的配置。因此担保机构的服务效果可以从企业、银行、社会等多方面进行综合评价。索恩等（Sohn et al.，2005）阐述了担保公司的技术担保资金产品对韩国技术类中小企业的支持，可认为其服务并协助中小企业从多个金融机构获得贷款。纳西如等（Nasiru et al.，2005）通过多元回归分析，发现在尼日利亚的农业信用担保计划基金（ACGSF）的协助下，增加了农业型企业的贷款数量。塞尔瓦托等（Salvatore et al.，2009）深入评估了公共信用担保对中小企业的影响，研究发现公共信用担保可以提高企业贷款的可获得性，降低企业的融资成本，同时维持企业财务的可持续性。通过对日本中小企业的面板数据的分析，学者们发现日本信用担保计划对企业融资和企业经营绩效都存在积极影响，对企业的服务效果属于正面影响（Uesugi et al.，2010）。有学者针对意大利中央担保基金对中小企业融资的影响进行了研究，研究发现，中央担保基金提升了企业贷款的可得性（Boschi et al.，2014）。阿尔马斯等（Almas et al.，2015）针对信用担保与中小企业 R&D 投入之间的关系进行分析，研究发现信用担保服务的介入可有效提升中小企业 R&D 水平。有学者研究探讨了中小企业的贷款和信用担保如何影响韩国银行的效率，调查结果表明，信用担保可以分担中小企业的信用风险，担保比例的增加可以提高银行的效率（Li-en-Wen et al.，2017）。而通过对欧盟、意大利等不同地区的企业数据分析发现，各地区的担保服务均对企业的绩效产生了正向的影响，尤其在小微企业上，担保服务的作用更大（Asdrubali et al.，2015；Caselli et al.，2019；Song et al.，2021）。由此可见，国外学者通过研究充分肯定了担保服务在企业融资中发挥的促进作用，尤其是在小微企业发展方面，担保服务效果更为明显，而关于融资担保服务小微企业质量方面的问题，国外学者并未进行具体的量化研究。

3. 关于担保机构服务质量影响因素的研究

帕特里克等（Patrick et al.，2009）提出不用的担保产品可实现降低融资成本的目标，进而促进部分信用担保计划提升小企业融资效率和社会效益。通过担保费来测算贷款人的信贷情况，可提高融资服务效率，从而降低违约风险（Chau-Jung et al.，2011）。有学者考察了银企之间的贷款关系对公共担保机构效益的影响，研究结果显示紧密的银企关系可能会对公共信用担保的效力产生不利影响（Arito et al.，2013）。马克等（Marc et al.，2013）研究了政府干预对信贷市场的影响，研究发现政府的干预存在一定的积极意义，在创新型企业上作用更为明显。洛伦佐等（Lorenzo et al.，2014）对影响互助性担保机构风险的因素进行探究，研究认为担保机构的类型和产品组合，在互助性担保机构的服务水平发挥中起着关键作用。有学者通过建立一个动态的不完全市场模型来分析股权互换担保对企业融资的作用，并且指出企业家风险厌恶程度以及公司资本流动性等均会影响担保的实际作用效果（Xia et al.，2020）。此外企业的异质性如公司存续时间、规模、担保贷款占企业总贷款的比例，以及担保服务的覆盖率均会影响担保机构在企业融资中发挥的作用（Boschi et al.，2014；Melisso et al.，2014；Saito et al.，2018）。

从国外学者的研究来看，主要从担保机构自身条件、分布情况、企业类别以及银企关系等方面对影响担保机构服务质量的因素进行剖析。

4. 关于提升担保机构服务企业质量策略的研究

部分学者对提升担保机构服务企业质量的策略进行了研究。通过对马来西亚担保有限公司的担保计划进行分析，发现担保机构在服务水平上有所欠缺，企业整体技术效率低下，提出信用担保公司应考虑重新分配现有投入，并增加对中小企业的信贷担保额度，以达到合理的服务水平（Hway-Boon et al.，2003）。针对韩国技术信用担保的现状，提出为提升该信用担保的担保水平，应当构建多重属性的技术评分模型（So et al.，2004）。针对马来西亚企业融资担保的效率，增加中小企业信用担保总量，可使得信用担保达到预期的服务水平和服务效率（Devinaga et al.，2012）。也有学者期望通过优化担保服务中的关键参数如担保比例、担保保费、担保资金规模等，来提高融资担保的服务质量（Gray et al.，2000；Kuo et al.，2011；Ju et al.，2015）。为缓解逆向选择和道德风险的影响，进一步提升担保服务效果，学者们也设计了一系列缓解措施，如将担保贷款占企业总贷款比例控制在80%的水平、控制担保机构的杠杆，以及合理规划反担保品的资产组合等。

针对担保机构服务质量的提升策略上，国外学者主要从企业方面，针对其固有的信用问题提出解决措施，或是从担保总额上提出相应的对策，以求达到提升服务质量的目的。然而，在担保机构自身的建设上缺少配套的解决措施。

2.1.2 有关融资担保服务有效性的研究

1. 关于信用担保支持效果评价的研究

为评价信用担保支持效果，学者们采用加拿大、意大利、日本等国家的信用担保数据开展了实证分析，证实了信用担保在增加中小企业融资可得性、增加企业绩效以及增加社会就业等方面的支持效果。赖丁等（Riding et al.，2001）分析了加拿大中小企业联邦担保贷款的相关经济效应，并使用违约率来衡量担保效果，研究表明担保计划可以促进社会就业并增强企业盈利水平。通过对意大利部分担保机构数据进行计量经济学分析，发现政策性担保可有效提升中小企业信用等级并降低融资成本（Zecchini et al.，2006）。运用日本中小企业的面板数据进行分析，发现担保计划不仅可以提升企业融资的可获得性，而且对企业的经营绩效有着正向影响（Uesugi et al.，2010）。哈坎等（Hakan et al.，2012）研究了土耳其的信用担保基金计划，并用代偿率来衡量融资担保效率。有学者通过对英国 1399 家小企业展开调研，认为政府支持的担保贷款的金融附加性达到了 83%，表明更多的企业通过担保计划获得了融资（Allinson et al.，2013）。博斯基等（Boschi et al.，2014）利用意大利中央担保基金数据，实证分析了信用担保对中小企业融资的影响。凯文等（Kevin et al.，2015）实证检验了信用担保在增加企业贷款可得性方面的促进作用，指出了信用担保的附加性。也有研究表明信用担保可以分担小微企业的信用风险，担保比例的增加可以提升信用担保支持效果（Liang et al.，2017）。吉贝尔等（Giebel et al.，2019）调查了 2008～2009 年受金融危机影响的银行对其商业企业创新活动的影响，并采用数理模型测算了金融危机下信用担保支持效果，研究表明面临外部融资约束的企业可通过信用担保缓解信贷供应冲击。对法国银行的贷款数据进行研究，表明担保贷款为处于危难时期的企业提供了较大帮助（Dereeper，2020）。第三方信用担保在企业贷款市场中得到了广泛使用，其中信用担保机构的信誉度最高，能够在企业缺乏抵押资产或资产价值面临负面冲击时，有效减轻资产价值渠道对借款公司的负面影响（Me et al.，2021）。利用倾向性得分匹配技术评估了意大利信贷担保计划对中小企业融资的影响，研究发现降低准入门槛能够缓解中小企业面临的信贷配给问题（Lagazio et al.，2021）。利用 2007 年到 2016 年中国上市公司数据研究贷款担保对企业创新的影响，研究表明贷款担保缓解了企业的融资约束，促进了其创新行为（Leng et al.，2022）。

2. 关于信用担保有效性影响因素的研究

保费、抵押品、银企关系、银行规模、担保机构风险分担比、担保机构风险管理水平、政府对信贷的干预等是影响融资担保有效性的重要因素。考林等（Cowling et al.，1994）对小微企业贷款担保机制进行了评价，发现保费和贷款担保比例是影响小微企业贷款担保加成收益的关键因素，而小微企业贷款担保失败则受到现金流量、利率和宏观经济因素的影响，保费和抵押品是担保收益的直接影响因素。运用蒙特卡洛（Monte Carlo）模拟方程，研究了担保债务期限与风险分散的关系，指出担保项目组合是提高追偿率的有效工具（Gendron et al.，2006）。金融机构的资本充足率是影响担保体系长期合作的重要因素（Uesugi et al.，2010）。影响银行与担保计划合作意愿的重要因素是其在企业发生违约时所承担的风险比例，并深入剖析了政府在担保体系合作关系中所处的重要地位（Beck et al.，2010）。哈坎等（2012）提出土耳其信用担保基金计划违约率高、价值低是影响金融机构与之合作的重要因素。马克等（Marc et al.，2013）实证分析了英国中小企业信用担保机构的成本收益，研究表明对于某些创新型企业而言，政府的干预可以使得担保有效性更加显著。有学者实证分析了反担保贷款违约风险的影响因素，研究表明互助担保机构的运作特点会影响反担保贷款的违约风险，增加反担保贷款投资组合规模可加大违约风险（Gai et al.，2016）。对日本小微企业信用担保制度是否存在逆向选择和道德风险进行了研究，其结果表明法律环境下信用担保风险补偿制度的完善程度也会对担保效果产生影响（Saito et al.，2018）。有的研究结合了金融专家对信用担保中系统性风险的识别成果，并基于关系网络演化表明担保公司管理层应不断提升管理水平以有效抵抗内外部风险（Niu et al.，2018）。嘉比（Gabbi，2020）则从银行的角度进行研究，指出担保贷款中银行与企业之间的多次合作会降低企业融资成本。通过构建动态担保网络分析金融危机和经济刺激下中国担保网络的演变，研究表明政府支持会降低担保网络的弹性（Wang et al.，

2020）。有学者计算了加纳政府应提供的支持中小企业的最优信用担保比例以使企业拥有充足而稳定的资金，结果表明，不同银行的最优信用担保比率会因其自身的健康程度而有所不同（Sun et al.，2022）。

3. 关于信用担保有效性提升路径的研究

在提升担保有效性方面，优化担保业务参数设计、担保合理定价、增加中小企业信用担保总量、促进银担合作等措施得以提出。有学者借助 DEA 测算了马来西亚中小企业的技术效率、纯技术效率和规模效率，提出增加中小企业信用担保总量这一有效措施（Devinaga et al.，2012）。政府对中小企业的过度创业补贴会破坏银行的激励机制，通过信用担保机构的资金支持有助于降低银行监管成本，提升企业经营管理水平，进而促进银行、担保与企业的合作（Stefan et al.，2010）。担保水平与借款者的风险程度正相关，通过担保的合理定价可以提升借方项目清算效率（Chen et al.，2006）。部分学者基于数理模型和相关理论就担保机构的担保比例、担保保费、担保资金规模进行了合理估计，期望通过优化担保业务中的重要参数来提高担保运行效率（Gray et al.，2000；Kuo et al.，2011；Ju et al.，2015）。构建了商业银行与信用担保公司的双方合作博弈模型，并对二者之间公平合理的风险分担率进行了研究，这对发展信用担保体系有一定的帮助（Miao，2017）。奥达尼等（Oldani et al.，2019）研究了法国和意大利的信贷结构，认为地方当局广泛承销复杂的金融工具，加强中央政府的监管力度有利于融资担保行业的长期发展。唐纳德（Donald，2020）表明信用担保介入银行与企业间的信贷行为应当充分利用大数据技术以有效提升效率。基于最优担保费用的理论模型分析得出，担保机构需要综合考虑企业信誉度、经济、政策环境等因素，对中小企业进行差异化定价，以避免信用担保体系中的道德风险（Taghizadehhesary et al.，2021）。利用倾向性得分匹配技术评估了意大利信贷担保计划对中小企业融资的影响，指出担保机构的战略和运营框架制定需要在实现业务扩大目标与避免企业债务积压之间取得平衡，以保持财务可持续性（Lagazi et al.，2021）。加强上级政府绩效考核力度只能推迟低水平均衡的"窗口期"，同时调整地方政府补偿系数与提高银行风险分担率对实现高水平均衡的影响有进一步的协同效应（Youqing et al.，2022）。

2.1.3　有关融资担保服务效率的研究

近年来，国外学者致力于小微企业融资担保效率的相关研究，取得了一定成果，主要从以下几个方面展开。

1. 关于小微企业融资担保效率测度的研究

融资担保效率的测度方法起源于对融资担保业务水平的测度，国外对这方面的研究起源较早，相关学者应用了数理统计模型、数据包络分析等方法测度了融资担保效率。

有学者探讨了小微企业的贷款如何影响融资担保效率，结果表明，融资担保可以分担小微企业的信用风险，担保比例的增加可以提升融资担保效率（Liang et al.，2017）。吉贝尔等（2019）调查了 2008～2009 年受金融危机影响的银行对其商业企业创新活动的影响，并采用数理模型测算了金融危机下担保效率的情况，研究表明面临外部融资约束的企业可通过信用担保缓解信贷供应冲击。

此外，在融资担保的投入产出效率方面，相关学者主要运用 DEA 模型，对投入产出效率进行研究，但方法有不同，大致可以归为以下三类：普通投入产出模型、基于粒子群优化算法的 DEA 模型和超效率 DEA 模型。在普通投入产出的 DEA 模型方面，卡比尔（Kabir et al.，2012）运用 DEA 模型，对中东和北美的微型金融机构进行研究，发现微型金融机构均呈现效率低下的问题，即存在投入浪费，产出不足的情况。在基于粒子群优化算法的 DEA 模型方面，有学者提出粒子群优化算法的 DEA 模型计算结果不会因为投入产出指标选择的改变而改变，并采用该方法测度了融资担保公司的运行效率。但是，运用上述方法所得的投入产出效率，在有效单元间很难区分（Cui and Zhong，2009）。安德森等（Andersen et al.，1993）首次提出超效率 DEA 模型，其基本思想是在对有效决策单元测度时，使其投入和产出被其他所有有效决策单元的投入和产出的线性组合代替，而将其本身排除在外，这一方法在测度其他行业运行效率的过程中获得了广泛的应用，如电信产业、文化产业等。

国外关于融资担保效率测度的研究方法以数理统计模型为多，另外也有以数据包络分析（DEA）作为测量融资担保效率的方法，将融资担保公司投入产出比率进行研究，并且超效率 DEA 模型相比传统 DEA 模型更为完善，这些方法均对小微企业融资担保效率的研究做出了巨大贡献，但在基于投入产出数据应用 DEA 方法进行融资担保效率测评上存在需要改进的地方，如无法有效排除外部环境因素及随机干扰的影响进行效率测度。

2. 关于小微企业融资担保效率影响因素的研究

国外关于小微企业融资担保效率影响因素的研究，可分为宏观影响因素和微观影响因素两个方面，大量文献针对融资担保效率微观影响因素展开了研究，但对其宏观影响因素的研究相对较少。

首先是有关小微企业融资担保效率宏观影响因素。

在政府的扶持与监管政策对小微企业融资担保效率的影响方面，博斯基等（2014）利用意大利小微企业担保基金的数据表明，政府对担保的扶持政策以及融资担保制度正向影响着小微企业融资担保公司的运行效率。考林等（2017）经过调查表明，英国政府一直积极支持贷款担保，不断修改担保计划以反映持续变化的市场状况，其研究表明政府对信贷的干预是影响担保效率的重要因素。有学者通过实证评估公众支持对能源效率融资的作用，结果表明，政府促进能源效率担保金融合同的签订可以有效提高能源效率（Iqbal and Bilal，2021）。

在融资担保法律法规对小微企业融资担保效率的影响方面，哈坎等（2012）研究了土耳其的信用担保基金计划，并用代偿率来衡量融资担保效率，结果表明融资担保法律的健全程度对小微企业融资担保效率产生了显著影响。

在风险补偿制度对小微企业融资担保效率的影响方面，有学者对日本小微企业信用担保制度是否存在逆向选择和道德风险进行了研究，由于担保公司无法区分低风险和高风险借款人，信用担保计划通常会吸引更大比例的高风险借款人，导致资源配置效率低下，其结果表明法律环境下信用担保风险补偿制度的完善程度也会对担保效率产生影响（Saito et al.，2018）。

其次是有关小微企业融资担保效率微观影响因素。

在融资担保公司主营业务及业务能力对小微企业融资担保效率的影响方

面，考林等（2013）采用计量经济学，表明担保公司主业、保费、抵质押品、担保资金规模等是影响融资担保效率的重要因素。

在所有权对小微企业融资担保效率的影响方面，有学者指出，商业性担保公司要求小微企业提供附加的担保费用或反担保措施，那些不能提供反担保的小微企业将离场，担保体系面临困局。而由于财政支持，政策性担保公司能够有效解决该困局，其担保额的规模效率有助于提升银行和担保公司的收入以此提升担保效率（Zhao et al.，2011）。实证分析表明，互助性融资担保公司的杠杆效应和反担保贷款投资组合规模的增加会显著影响融资担保效率（Gai et al.，2016）。

在融资担保业务创新对小微企业融资担保效率的影响方面，以加纳为例，讨论了担保创新行为质押的实际效果，认为土地登记制度显著影响需求方资金可获得性，从而影响着担保效率（Domeher et al.，2012）。建立一个动态的不完全市场模型来分析股权互换担保对企业融资的作用，并且指出这种新的金融创新会对企业动态投资产生不同影响（Xia et al.，2020）。

在管理水平对小微企业融资担保效率的影响方面，结合了金融专家对融资担保中系统性风险的识别成果，并基于关系网络演化表明担保公司管理层应不断提升管理水平以有效抵抗内外部风险（Niu et al.，2018）。

在风险控制情况对小微企业融资担保效率的影响方面，研究表明，风险管理可以使信用担保政策有效实施，其制定了技术信贷担保政策，可为资产基础有限的科技型小微企业提供资金支持，表明了风险管理对担保效率产生了积极影响（Ju et al.，2015）。构建小微企业、银行、担保机构和政府之间的四方演化博弈模型，研究政策性融资担保对中小企业绿色技术创新的促进作用。结果表明，保持担保机构与银行间的固定风险比，可以减轻政府财政负担，加强小微企业融资初期再担保体系的建设（Xu et al.，2022）。

国外关于融资担保效率影响因素的研究从宏观影响因素和微观影响因素两个方面展开，其中以微观影响因素为多。相关学者从主营业务及业务能力、担保业务创新、管理者管理水平、风险控制等方面对小微企业融资担保效率的影响展开研究，对研究融资担保效率及其影响因素做了富有成效的探索，但在宏观影响因素方面的研究尚有不足，如未充分考虑经济运行环境、受保企业的行业技术创新等宏观因素对融资担保效率的影响。

3. 关于小微企业融资担保效率提升策略的研究

有学者采用 DEA 方法实证分析了马来西亚小微企业技术效率、纯技术效率和规模效率，建议增加小微企业信用担保总量进而使其达到较高的效率水平（Devinaga et al., 2012）。奥斯曼等（Othman et al., 2016）研究了马来西亚小额融资或小额信贷服务对小微企业绩效的影响，表明政府和小额信贷机构的大力支持可有助于改进融资担保效果，以确保小微企业稳步发展。构建了商业银行与信用担保公司的双方合作博弈模型，并对二者之间公平合理的风险分担率进行了研究，这对发展信用担保体系有一定的帮助（Miao, 2017）。奥达尼等（2019）研究了法国和意大利的信贷结构，表明地方当局广泛承销复杂的金融工具，加强中央政府的监管力度有利于融资担保行业的长期发展。有学者调查了英国 PFI/PPP 利益相关者对影响政府担保审批关键因素的看法，确定了评估政府担保申请的 26 项重要标准并揭示了决定政府担保申请成功的 5 个关键因素，有利于未来英国基础设施担保计划更全面地实施（Owolabi et al., 2019）。

关于融资担保效率的提升策略方面，国外学者主要从融资担保公司方面针对其固有的自身缺陷提出解决措施，或是从担保总额上提出相应对策，以求达到提升融资担保效率的目的。然而，相关研究较少从融资担保增信视角考虑融资担保效率提升策略，并且针对政府、银行、小微企业方面的建议较少。

2.2　国内文献综述

2.2.1　有关融资担保服务质量的研究

1. 关于服务质量评价的研究

关于服务质量，国内学者在服务质量差距模型的基础上，也对各行各业的服务质量展开了研究，对变量以及相关指标均根据行业特点进行了修正，如社区居家养老服务质量（章晓懿等，2012）、财务共享服务中心（李闻一等，2017）、机场客运服务（刘玉敏等，2017）、社区志愿服务（杨晓伟等，2019）、新零售服务（苑卫卫，2020）、滑雪旅游服务（李树旺等，2022）、互联网 + 护理服务（任志方等，2022）等。

有一些学者采取其他的方法对各行各业的服务质量进行了评价。左文明等（2018）提出基于网络口碑的 B2C 电子商务服务质量问题挖掘模型，即基于服务即流程的观点，运用情感分析识别负面口碑，以发现企业服务过程中存在的问题，继而提出改进服务质量的策略。张兵等（2016）利用结构方程模型实证分析公交乘客服务质量、满意度、忠诚度之间的关系，以求通过提高公共交通的服务质量，进而提升公交乘客的满意度和忠诚度。赵卫宏等（2015）采用深度访谈和实证检验方法开发了网络零售服务质量测量量表，为了解网购者的服务质量感知、提高网店忠诚战略提供了对策建议。邓君等（2016）采取问卷与访谈相结合的方法，提炼影响档案服务质量的因素，进而利用因子分析、模型构建及相关性分析、回归分析构建出公共档案馆服务质量影响因素体系模型，并就各个影响因素之间的相互作用机理进行分析，探究服务质量各因素之间的作用机制。陶红兵和卓丽军（2022）运用半结构式访谈对医疗机构中 70 名专家进行一对一访谈，并将收集到的访谈资料进行分析编码，探讨总额预付背景下公立医院服务质量与效率的形成机制，有利于未来进一步提高医院医疗服务质量和效率。

2. 关于担保机构服务企业效果的研究

担保机构服务效果主要是指担保机构的服务在企业融资过程中的作用，针对担保机构的服务效果，国内学者通过实证或对比等方式展开了研究。

李大武（2001）认为建立和完善中小企业信用担保体系是缓解中小企业融资难的有效途径之一，且其宗旨是服务中小企业融资，提供各种融资服务。黄磊等（2005）认为担保机构承担了融资职能和社会职能，融资职能作为其基本职能要求其服务企业融资的同时，健全信用担保体系，实现信用资源共享。沈迪等（2010）通过中美两国中小企业融资经验的对比，提出我国需进一步完善信贷担保体系，同时担保机构还应当为中小企业提供技术咨询、理财等配套服务，确保担保资金的良性循环和可持续运营。钟田丽等（2011）认为在政策性担保的制度缺陷和低效率无法满足微小型企业的担保融资需求的情况下，互助性担保可以为微小型企业提供融资服务，满足融资需求。陈刚和陈敬之（2021）实证分析发现融资担保行业竞争提升了融资担保公司的经营绩效，对小企业经营绩效提升作用更为明显。

国内学者针对担保机构的服务效果主要是从企业的角度展开的，普遍承认担保机构在解决企业融资问题上的效果十分显著，但是相比国外的研究，对银行和社会效益等方面的研究较少，也鲜有对其服务质量量化方面的研究。

3. 关于担保机构服务质量影响因素的研究

国内学者对于影响担保机构服务质量的因素研究经历了从定性方法分析，到后来运用层次分析法、主成分分析法、Tobit 回归模型分析等方法开展定量研究。

陈晓红和谢晓光（2005）认为信用担保的经济杠杆属性可直接通过担保放大倍数进行体现，研究发现担保的调查监管成本、对反担保品的控制能力以及银行对担保的监控成本影响了担保放大倍数，无法充分发挥担保的杠杆效应。罗建华和申韬（2009）研究发现信用担保机构的发展受到注册资本、金融市场环境以及担保自身的信用扩张能力等因素的影响。陈菲琼等（2010）通过对浙江省信用担保机构进行问卷调查，用中小企业、银行、担保机构、法律制度、宏观经济五方面的 21 个因素指标构成指标体系，采用层次分析法和主成分分析法，探究了影响担保机构运行效率的因素。薛菁等（2017）对不同地区的政策性、商业性、互助性三种担保机构进行实证考察，发现区域经济情况、产业聚集程度、企业信用体系发育程度、政府的支持程度等影响因素，对担保机构的运行效率和服务水平呈现出不同程度的影响。殷志军和朱发仓（2011）通过实证分析了实收资本规模、人力资本、主营业务占比、合作银行家数等因素对政策性、商业性、互助性等三类担保机构运行水平的影响程度。崔晓玲（2012）分别从契约机制、激励机制和风险分担机制三方面构建了信用担保机构运行机制的评价指标，包括专业人员数量、保费收入、担保户数、违约率等指标。李雅宁等（2017）通过研究担保机构经营绩效的影响因素发现，融资担保机构的担保能力是影响程度最大的因素，对提升其经营绩效的作用较为明显。徐攀（2021）重点调研浙江省农业经营主体融资担保的需求与供给情况，分析了浙江省农业融资担保有限公司从部门、技术、数据、政策、流程五个维度构建多元协同机构以实现农业政策性担保杠杆效应的绩效和路径，为完善中国农业政策性融资担保体系建设，提升担保效果提供参考。

也有部分学者具体探讨了融资担保参与主体对其服务的影响。在政府层面，学者们研究发现信用担保的法律地位、政府的财政支持等因素会影响担保服务的发挥（王珊珊，2007；张波，2010）。在银行层面，合理的银担（银行和担保机构）风险分担比和银担地位上的平等性则影响着担保行业的长远发展（梅强等，2009；马国建和张冬华，2010）。在企业层面，担保比例、反担保品的设置、与担保企业的合作时间、企业的资信水平等均可以有效防范企业的道德风险的发生，有助于融资担保服务的发挥，降低信用担保系统的不稳定性（熊熊等，2011；王磊等2022）。在再担保层面，再担保和担保之间的风险分担比例、再担保保费、最低政府风险补贴影响了担保机构的策略选择（汪辉等，2016）。在担保公司层面，担保公司自身的规模、业务种类、抗风险能力、人才数量等因素影响了担保业务的开展（李俊峰和孙雪，2016）。

国内学者的研究角度大多是立足于政策性、商业性、互助性等三种担保机构的对比分析，通过实证方式对担保机构的服务质量的影响因素进行探究，或者是从融资担保参与主体的角度考虑，为提升融资担保能力设计措施，但是缺乏从被服务的企业角度出发的担保服务质量评价。

4. 关于提升担保机构服务企业质量策略的研究

张建波（2009）以供求失衡和市场失灵为基本框架分析担保机构担保水平低下的原因，提出合理定位担保体系功能、强化银（行）担（保公司）合作、健全风险补偿机制等建议。董裕平（2009）通过融资担保服务模式进行模拟实验，并将实验结果与现实情况进行对比，发现担保机构需通过设置合理的担保费率以及担保放大倍数，以此提高担保机构的服务水平。仲伟周和王新红（2010）从银行与担保机构合作的最优担保规模角度出发，认为担保机构功能的充分发挥与二者合作担保规模的合理化程度密切相关，即二者的风险分担比，此外完善的担保法律体系、健全的信用评级体系和合理的担保资金补充方式对担保功能的发挥也至关重要。黄庆安（2011）通过对担保机构发展状况进行调查分析，结果显示担保机构虽发展良好，但仍需通过增加资金规模和规范操作程序，提高服务水平。顾海峰（2014）认为科学高效的金融担保风险预警模型，可有效提升金融担保机构的风险防控能力，保证担保功能的持续发挥。潘慧（2014）认为信用担保机构在风险控制方面存在重要缺陷，因此需要通过加大政府的资金扶持力度、加强担保机构的内控和管理等措施，更好地发挥其征信和财务杠杆作用，提高中小企业融资效率。吴婧（2016）运用结构方程对小微企业的信贷满意度进行实证分析，结果显示在抵押担保环节中，贷款的可获得性是信贷服务质量的关键影响因素，并提出担保机构应创新信贷产品，优化授信评级，以提高信贷服务质量。文学舟等（2017）通过实证分析得出担保机构应完善内部组织架构，加强从业人员的资格审查，以及扩大反担保措施所涉及的范围和种类，以优化小微企业的融资环境。赵玲等（2018）认为搭建市—区—县全覆盖的担保垂直网络和银行服务横向网络可有效发挥担保的服务能力，提升其服务企业的水平。胡舒扬和赵全厚（2021）认为在引导社会资本进入融资担保行业的同时，应赋予商业性担保应有的经营灵活度，以提高担保覆盖率，从而发挥政策性担保与商业性担保应有作用。张一超等（2023）通过对我国政府性融资担保发展情况、融资担保体系建设和管理运营存在的问题进行分析，提出统一归口管理、整合县级担保机构、提高风险补偿资金拨付效率、各级担保机构协同发展、进一步发挥省级再担保机构作用等措施，来完善政府性融资担保管理运营机制，推动政府性融资担保高质量发展。

2.2.2　有关融资担保服务有效性的研究

与国外相比，国内融资担保业务出现较晚，相应地，学术研究的起步也较晚。20 世纪 90 年代，随着国内中小企业融资担保业务的快速发展，国内学者也加快了学术探索步伐。从最初的融资担保基础理论研究到后来的信用担保体系比较研究、融资担保模式选择研究、信用担保的风险管理研究，而近几年关于融资担保机构运行效率的评价及比较、融资担保有效性影响因素的研究方兴未艾。

1. 关于有效性内涵界定的研究

关于有效性的内涵，部分学者基于自身研究需要对其研究对象的有效性进行了界定。孟潇和张庆普（2013）参考管理学和合作经济学中有效性的含义，对研究对象科研合作有效性进行了界定，重点体现在跨组织合作与单个组织相比效率的优越性。段小华等（2010）在界定政府科技投入支持新兴产业的有效性时，将衡量标准分为效益和效率两个方面，前者指是否达到了预期目标，后者指为达目标付出的代价。钟丽萍等（2014）在界定情报研究有效性的概念时，借鉴了循证医学方面的理论，将其划分为内在有效性（研究结果是否反映了真实情况）、外在有效性（研究成果的推广应用情况）、过程及结论有效性。翟帅男（2016）对融资有效性进行了界定，即以更低的成本和更高的效率筹集到所需要的资金。张亚洲（2020）从战略、经营和信息披露三个层级构建了企业内部控制有效性的指标体系，认为内部控制有效性可以缓解企业融资约束。陈玉洁和王剑锋（2021）以城投债担保为研究对象，利用担保介入后引起的信息甄别成本和承诺可置信成本变动来反映担保增信的有效性。赵玲和黄昊（2022）采用迪博内部控制指数来衡量企业内部控制有效性，探讨数字化时代董事信息技术背景对企业内部控制有效性的影响。

上述关于不同领域有效性的研究中，学者基于自身需要对其研究对象的有效性进行了界定。有效性不是概念而是构念。概念是对可观察事物的抽象，其特征可直接被观察到或者很容易被测量。构念却是更高程度上的抽象，一方面来源于概念，另一方面又很难通过指向特定的事件将其意义具体传递出来。因此，在界定有效性时，不同研究者的价值取向不同，难免使其含有一定主观性。

2. 关于融资担保运行效率评价的研究

国内有关效率评价的研究已逐渐成熟，从最初财务比率分析、成本收益分析到主成分分析以及数据包络分析（以下简称 DEA）等，已渐成体系。

陈乃醒（2001）选取了担保贷款额相当于代偿能力的倍数、代偿率、盈利额等 8 个指标，构建了财务指标体系来评价担保运行效率。崔晓玲等（2012）从投入和产出两个角度分别选取了若干财务指标，构建了效率评价体系。龚瑾瑜等（2006）指出信用担保在缓解中小企业融资难题上是有效的，但就其执行效率的分析尚不成熟，建议采用成本收益法来研究。文学舟等（2013）综合考虑担保风险管控水平与产出绩效以及担保能力和社会贡献情况，选取注册资本、放大倍数、受保企业职工增加数等若干指标评价了江苏担保机构经营绩效。在认清财务比率、成本收益及主成分分析的劣势后，学者们注意到 DEA 的明显优势，便更多地运用 DEA 来评价担保机构的运行效率（崔晓玲等，2010；黄庆安，2011；王新安等，2014；吴妍妍，2019）。李俊霞等（2019）运用 DEA 测算了 2009～2016 年中国 27 个省区科技金融资源配置效率，并探究其影响因素关系，表明直接融资比例会影响其融资担保效率。薛梅等（2019）运用 DEA 模型，对 2014～2018 年江苏省各类银行的小微企业贷款效率进行比较研究。顾海峰和卞雨晨（2020）运用 DEA 模型和 VRS 模型，测算了 2007～2017 年全国 755 家科技型上市公司的融资综合效率值，以探究科技－金融耦合协同对企业融资效率的影响。黄飞鸣和童婵（2021）运用 PSM-DID 模型对企业债权融资效率进行测算，进而评估银行业联合授信机制的政策效应。徐攀和李玉双（2022）使用 SBM-DEA 方法测算浙江省政策性融资担保机构的运行效率，构建面板数据模型探讨影响其运行效率的因素。

3. 关于融资担保有效性影响因素的研究

国内学者曾采用定性方法分析影响融资担保有效性的因素，后来广泛采用层次分析法、主成分分析法、Tobit 回归模型分析等方法开展定量研究。

陈晓红和谢晓光（2005）提出放大倍数可体现信用担保经济杠杆属性，担保机构对企业的调查成本、反担保控制水平和银行对其监控成本是关键的影响因素。罗建华和申韬（2009）采用层次分析法（AHP）从资本、环境、法律和竞争能力四方面分析了影响中小企业信用担保机构发展的主要制约因素，研究表明资本层面的注册资本额和信用扩张能力，以及环境层面的市场金融环境是主要影响因素。陈菲琼等（2010）以浙江信用担保机构为调查对象，从中小企业、担保机构、银行、法律制度和宏观经济五方面入手构建指标体系，运用层次分析和主成分分析法，实证分析了影响担保机构运行效率的主要因素。殷志军和朱发仓（2011）使用本年代偿率和担保利润率两个指标来衡量运行效率，探究了实收资本规模、主营业务占比、人力资本、合作银行家数、担保机构承担风险比等因素对不同种类担保机构运行效率的影响。谢世清和李四光（2011）通过构建中小企业联保贷款的信誉博弈模型，分析了信誉成本、折现因子等因素对中小企业联保贷款有效性的影响。薛菁等（2017）实证考察并对比了不同模式担保机构的融资服务效率，研究发现地区经济发展状况、政府支持程度、中小企业资金需求程度、企业信用体系发育程度、商业银行的发达程度与地理位置等是造成不同模式担保机构融资服务效率出现地区差异的主要因素。李雅宁等（2017）通过对北京担保公司经营绩效开展实证研究，提出自身担保能力对其运行绩效影响最大。沈坤荣等（2019）表明信用体系建设影响着民营企业在融资时的资信水平，为有效应对融资困境，当务之急是着力构建完善"商业性担保公司—省级再担保公司—国家融资担保基金"三级政策性融资担保体系。吴晓冀（2020）进一步提出构建统一的融资担保体系，有利于凝聚担保机构合力，再担保增信体系提高了担保公司的持续代偿能力，有利于行业稳定。陈玉洁和王剑锋（2021）实证检验发现各类担保形式均可提高城投债信用评级，但是担保机构的专业性程度对城投债融资成本的降低作用明显不同。

也有学者具体探讨了某一方面的影响因素。政府层面，如王珊珊（2007）探讨了政府在中小企业信用担保中的法律地位，认为各级政府主导作用的发挥以及公共经济政策调节力度的加大很有必要。张波（2010）提出政府的财政扶持不仅完善了风险分担机制，还对担保放大效应的提升以及担保机制各方收益的增加有促进作用。陈越和于润（2019）基于江苏 4980 家中小微企业数据的实证分析，在政府对中小微企业的融资扶持中，直接、提前性融资虽然效果最好，然而存在非平衡性，且普惠性融资仍然缺乏。黄君洁（2023）等通过量化分析担保费补助、业务奖补、代偿补偿、风险救助四项财政政策支持对农业融资担保发展的影响，研究结果表明，财政支持有利于农业融资担保发展，但其效果受代偿风险、产业结构等外部因素的影响，且仍需进一步平衡与完善。在银行层面，文学舟等（2017）实证分析了银行金融服务对小微企业融资行为的影响。马国建和张冬华（2010）基于系统动力学和计算机仿真探讨了再担保体系经济效益的影响因素，研究表明减小担保机构与银行风险分担的比例会增加经济效益。文学舟等（2019）构建了基于信用担保介入的小微企业声誉模型与银企信任模型，表明银企合作为担保公司的担保行为增强了信心，有效提升了担保效率。此外，文学舟等（2019）进一步基于江苏省338家小微企业的调查数据分析，表明银企信贷大多数存在短期合作行为，担保公司的介入有利于促进银企合作的长远发展。企业层面，如熊熊等（2011）研究了我国比例担保以及反担保机制的设计方式，发现要求企业提供足额的反担保品能够有效防范道德风险，但长期合作下可适当降低对反担保品的要求。文学舟等（2019）研究了江苏小微企业融资担保有效性问题，表明小微企业资信水平对担保有效性产生了显著影响。王坤（2020）表明疫情背景下中小企业面临巨大的融资问题，制约了中小企业长远发展，受保企业的生存能力将进一步影响融资担保公司发展。再担保层面，汪辉等（2016）建立了担保机构与再担保机构间的演化博弈模型，通过求解演化稳定策略确定了再担保体系稳定发展的条件，并指出两者间的风险分担比例、再担保保费、最低政府风险补贴会影响担保机构长期策略选择。马国建和韦俊杰（2020）构建了国家融资担保基金、省级再担保机构、县市级担保机构和协作银行的多主体收益模型，表明降低国家融资担保基金费率并提高风险分担比例，能有效补偿担保与再担保机构落实费率下调政策带来的损失，以此促进融资担保体系的完善。担保公司层面，如李俊峰和孙雪（2016）指出融资担保公司规模普遍偏小、业务发展不均衡、抗风险能力较弱、缺乏专业人才、资金补偿和风险分散机制不健全等制约了融资担保业务开展。张承慧（2019）表明，当前中国的融资担保体系在放大倍数、覆盖面、担保产品多样性等指标上体现出效率不高，并且说明了保费、抵押品、担保资金规模等是影响融资担保有效性的重要因素。此外，郑文莉等（2019）表明要破解小微企业担保困境，需创新小微企业融资的担保方式，即对法定担保方式突破和创新，构建非典型担保制度规则。文学舟等（2020）基于203家江苏小微企业的调查数据，通过分析认为融资担保服务质量的高低直接影响了江苏小微企业担保服务的覆盖面和获得率。陈刚和陈敬之（2021）基于产业经济学"集中度－利润率"假说，采用系统GMM实证分析发现，融资担保行业竞争会显著提升融资担保公司的经营绩效。

4. 关于融资担保有效性的提升路径研究

融资担保有效性的提升，不仅有赖于担保机构自身的发展，还涉及银行、小微企业、政府等多方主体协同合作。付俊文和赵红（2006）基于信用确认，探讨了商业银行和担保机构的风险分担机制，提出中小企业信贷风险的化解有赖于商业银行积极与信用担保机构开展合作。仲伟周和王新红（2010）探讨了银行和担保机构合作的最优担保规模，并从完善相关法律法规体系与中小企业信用评级体系、建立担保机构的资金补充方式与合理的银担风险分担模式等方面提出促使担保规模合理化的对策。刘计策（2010）研究了担保机构与银行合作中存在的障碍及破解对策，主张应通过加强业务培训、完善内控机制、增资扩股以及重组兼并等方式使担保机构发展壮大，提高风险防范能力，实现银保合作的互利双赢。张旭东（2013）提出通过合约设计来规避道德风险，强调建立银行与担保机构间的信息沟通机制。张金清等（2018）实证研究表明推动银行业市场化改革，促进银行业竞争是有效途径。顾海峰（2014）建议构建科学高效的金融担保风险预警模型，以此来增强金融担保机构的风险防控功能。蔡文宇和陈玉菁（2009）探讨了中小企业信用担保引入政府补贴的可行性，建议政府采用补贴的方法来鼓励商业担保机构的发展。冯涛等（2011）通过建立数理模型对不同的财政资助方式进行比较，研究发现通过再担保机构对担保体系进行风险补贴是最优选择。孙韦（2015）分析了美国、日本和德国的信用担保方式、担保体系框架与补偿机制和担保业务的特点，提出应借鉴三国经验，从完善法治环境、明确主要服务对象、加大政府支持和完善银担合作机制等方面加强我国信用担保体系建设。另外，部分学者认为融资担保有效性提升涉及多主体的合作博弈关系。孟晞等（2012）、李仲飞等（2016）以及王淼（2017）分别建立担企、银企、银担两方博弈模型，研究参与主体的决策行为以寻求担保有效性提升策略。郑月龙和张卫国（2016）、梅强等（2009）、汪辉等（2016）分别建立了中小企业群体、银行与担保机构、担保与再担保的演化博弈模型，探讨了寻求长期合作的条件。余可和卢金贵（2012）通过构建以中小企业、银行、政府和担保机构为市场主体的动态博弈模型，分析了各博弈主体的最优行为选择，证实了政府科技投入对科技型中小企业融资担保有效性的促进作用。顾海峰（2018）表明，超额风险自留补偿基金将由银行与担保公司依据各自的风险均衡配置阈值占比共同筹集，以此来实现银行信用风险分级补偿目标，以不断促进融资担保有效运行。张洪润

（2019）对江苏小微企业金融发展现状进行系统分析，结合了江苏区域资源禀赋及银行体制机制等个性化特点，提出下阶段更好服务江苏小微企业的金融实践策略，指出进一步加强江苏小微企业与银行合作。陈琳和秦默（2020）研究了美国中小企业信用担保体系建设的经验，表明在中国的担保实践中，既需要政府的大力支持，同时各级担保机构需苦练内功，提高风险管理水平。曹木子（2021）提出，通过搭建资源共享平台与风险共担机制来加强与银行等金融机构风险共担体系建设。肖夏和杨小舟（2021）针对民营企业债券融资市场，实证分析专业第三方增信机构中政府性融资担保机构层级越高，增信效果越好，因此提出充分发挥国家、地方担保基金作用以完善增信支持体系。贾君怡等（2023）等认为，融资担保公司通过担保信号提供"贷前"增量信息、增加第二还款来源降低"贷后"违约损失两个渠道，带动风险溢价下降。

2.2.3 有关融资担保服务效率的研究

国内小微企业融资担保的研究主要源自相关学者在信息不对称理论框架下对信用担保理论的研究，围绕现代经济学和现代金融学对融资担保问题开展研究，并取得一系列重要理论成果，主要从以下几个方面展开。

1. 关于小微企业融资担保效率测度的研究

现有文献主要集中在融资担保公司绩效测度，测度方法主要包括：回归模型分析、主成分分析、数据包络分析法（DEA）等。在回归分析法方面，殷志军和朱发仓（2011）以浙江省小微企业信用担保公司为研究对象，利用回归分析法，实证研究了实收资本规模、人力资本等因素对政策性、商业性、互助性三类担保公司运行效率的影响，探讨了三类担保公司运行效率的差异性。在主成分分析法方面，文学舟等（2013）从风险管理和盈利能力、社会贡献能力、担保能力、综合绩效4方面出发，选取了注册资本、纳税额等10项指标，运用主成分分析法对江苏小微企业信用担保公司经营绩效进行了测度。在数据包络分析法（DEA）方面，黄庆安（2011）、李雅宁等（2017）采用了人员规模、注册资本、当年经营费用等作为投入指标，选取当年担保贷款额、所服务的小微企业数等作为产出指标，并运用数据包络分析法（DEA）研究融资担保公司的融资担保效率。此外，相关学者分别采用 DEA 方法测度了融资担保效率以及科技金融效率（王新安等，2014；吴妍妍，2019）。李俊霞等（2019）运用 DEA 测算了 2009~2016 年中国 27 个省区科技金融资源配置效率，并探究其影响因素关系，表明直接融资比例会影响其融资担保效率。薛梅等（2019）运用 DEA 模型，对 2014~2018 年江苏省各类银行的小微企业贷款效率进行比较研究。徐攀和李玉双（2022）使用 SBM-DEA 方法测算浙江省政策性融资担保机构的运行效率，结果显示政策性融资担保机构的总体运行效率偏低，人力资本水平、成立年限、产权比率等会对其担保效率产生不同影响。

此外，崔晓玲等（2010）针对基于 DEA 模型的 Charnes-Cooper 变换引入阿基米德无穷小量这一主观因素影响效率测度结果，提出基于 DEA 模型的 PSO 效率测度方法。在 DEA-PSO 效率测度方法的应用方面，崔晓玲等（2011）继续采用基于 DEA 粒子群优化算法的效率测度方法，对东北某省 2006 年和 2008 年政策性信用担保运行效率进行跟踪实证分析。

国内学者主要对融资担保公司自身的绩效测度进行研究，选取了多种指标进行效率测度，研究方法以 DEA、主成分分析、回归分析、财务比率分析等为主，但各个方法相对不够完善，回归分析在实际情境中会受到限制，主成分分析的结果具有模糊性，财务比率分析法无法动态地揭示融资担保运行效率问题，传统 DEA 方法未能有效排除外部环境及主观因素的影响。此外，依据准公共产品理论，融资担保效率测度还应考虑融资担保公司的社会效益，已有研究较少考虑到融资担保公司的社会效益，并且需要结合担保效率的影响因素进行深入分析。

2. 关于小微企业融资担保效率影响因素的研究

国内关于小微企业融资担保效率影响因素的研究，可分为宏观影响因素和微观影响因素两个方面。

首先是有关小微企业融资担保效率宏观影响因素。

在融资担保法律制度对小微企业融资担保效率的影响方面，杜亚（2017）研究认为担保法律制度的不完善影响了文化创意产业融资担保效率，应当构建切实可行的文化创意产业融资担保模式，可以建立健全多元化文化创意产业信用担保体系，以完善文化创意产业融资担保的法律体系。

在政府的扶持与监管政策对小微企业融资担保效率的影响方面，罗志华等（2017）对西方融资担保理论及融资担保在西方主要发达国家小微企业融资担保体系运行机制研究的文献进行了梳理，表明政府对担保的扶持政策以及融资担保制度正向影响着小微企业融资担保公司的担保效率。陈越和于润（2019）基于江苏4980家中小微企业数据的实证分析，认为在政府对中小微企业的融资扶持中，直接、提前性融资虽然效果最好，然而存在非平衡性，且普惠性融资仍然缺乏。

在风险补偿制度对小微企业融资担保效率的影响方面，李彦（2015）表明法律环境下融资担保风险补偿制度的完善程度也会对融资担保效率产生影响，创新现有互助式担保模式的运行规则，可以缓解互助者之间的利益冲突，优化互助担保效率。冉曦和冉光和（2021）实证检验了担保企业风险承担对其企业自身效率的影响，结果表明担保企业风险承担降低了企业运行效率，因此担保企业需完善风险机制，增强抗风险能力以提高其运行效率。

在信用体系对小微企业融资担保效率的影响方面，沈坤荣等（2019）表明信用体系建设影响着民营企业在融资时的资信水平，为有效应对融资困境，当务之急是着力构建完善"商业性担保公司—省级再担保公司—国家融资担保基金"三级政策性融资担保体系。

在经济发展环境对小微企业融资担保效率的影响方面，张夏青（2015）以担保利润率、担保代偿率作为衡量担保效率的两个指标，表明产业集聚程度对政策性担保公司的担保效率产生了显著影响。薛菁等（2017）以15个城市204家融资担保公司的问卷调查数据为基础，研究表明地区经济发展状况是造成不同模式担保公司融资担保服务效率下降的主要因素。

其次是有关小微企业融资担保效率微观影响因素。

关于影响小微企业融资担保效率的微观因素，可以从融资担保公司、银行、小微企业三个主体层面展开梳理。

从融资担保公司层面，张承慧（2019）研究认为，当前中国的融资担保体系在放大倍数、覆盖面、担保产品多样性等指标上体现出效率不高，并且说明了保费、抵押品、担保资金规模等是影响融资担保效率的重要因素。此外，郑文莉等（2019）表明要破解小微企业担保困境，须创新小微企业融资的担保方式，即对法定担保方式突破和创新，构建非典型担保制度规则。文学舟等（2020）基于 203 家江苏小微企业的调查数据，表明融资担保服务质量的高低直接影响了江苏小微企业担保服务的覆盖面和获得率。

从银行层面，王淼（2017）在政府提供补贴的前提下，构建商业银行与担保公司的两方合作博弈模型，运用 Shapley 值法求解公平合理的风险分担比例，结果表明银行的共担风险能够确保信用担保公司在信用担保过程中取得合理收益。文学舟等（2019）构建了基于信用担保介入的小微企业声誉模型与银企信任模型，表明银企合作为担保公司的担保行为增强了信心，有效提升了担保效率。此外，文学舟等（2019）进一步基于江苏省 338 家小微企业的调查数据分析，表明银企信贷大多数存在短期合作行为，担保公司的介入有利于促进银企合作的长远发展。

从小微企业层面，薛菁等（2017）表明小微企业的资金需求程度是影响融资担保服务效率的主要因素之一。文学舟等（2019）研究了江苏小微企业融资担保有效性问题，表明小微企业资信水平对担保有效性产生了显著影响。

国内学者应用了层次分析法、主成分分析法等多种方法探究了融资担保效率的宏微观影响因素，但未在系统测度小微企业融资担保效率的基础上分析其影响因素，影响程度方面的研究有待进一步深入，并且未充分考虑当前融资担保公司为小微企业增信的现状。

3. 关于小微企业融资担保效率提升策略的研究

郑月龙和张卫国（2016）建立了小微企业群体间的演化博弈模型，表明应不断提高企业的资信水平，以更好地提升担保有效性。梅强等（2009）建立了银行与担保公司的两方演化博弈模型，以寻求各主体间的演化稳定策略，并且考虑了政府扶持的因素。文学舟（2017）总结了新常态下江苏小微企业融资与信用担保现状及存在的突出问题，提出了相关治理机制，主要包括建立商业银行小微企业服务机制、健全信用担保公司担保业务体系及优化小微企业经营战略，以此提升融资担保效率。顾海峰（2018）表明，超额风险自留补偿基金将由银行与担保公司依据各自的风险均衡配置阈值占比共同筹集，以此来实现银行信用风险分级补偿目标，以不断促进融资担保有效运行。张洪润（2019）对江苏小微企业金融发展现状进行系统分析，结合了江苏区域资源禀赋及银行体制机制等个性化特点，提出下阶段更好服务江苏小微企业的金融实践策略，指出要进一步加强江苏小微企业与银行合作。李瑞晶等（2021）基于梯若尔（Tirole）的理论模型分析了融资担保缓解小微企业融资约束的作用机制，实证检验发现不同规模的小微企业应用担保增信的效应有所不同，为将来探索构建更加完善的小微企业融资担保支持机制提供经验参考。

国内针对小微企业融资担保效率提升策略方面的研究，近几年多从小微企业融资担保中各主体间博弈的角度展开研究，但较少从融资担保增信的视角进行小微企业融资担保效率提升策略分析。

2.3 国内外研究述评

2.3.1 关于融资担保服务质量研究的述评

由国内外文献梳理来看，融资担保公司在小微企业融资过程中的扶持作用是显而易见的，其服务功能也得到了国内外理论及实践上的认可。融资担保公司的增信和风险分担功能，使得自身条件尚有缺陷的小微企业获得了贷款，降低了违约率，为银行等金融机构分担了风险。国内外学者根据各国国情，在不同的环境背景下对不同地区的融资担保公司的运行效率、支持水平的制约因素及其破解策略进行了研究，为本书打下了坚实的基础。但是随着社会环境的变化，融资担保公司的地位、作用以及银企的关注点也在发生着变化，因此已有研究尚存在几处有待完善的地方。

第一，系统研究融资担保服务质量的文献较少。从文献中可以看出，国外研究大多集中于融资担保的基本功能、风险控制、社会效益等基本理论上，对于融资担保的服务质量和效率上的研究较少，国内的学者则侧重于担保机构的运行效率，对于融资担保服务的研究也大多是从某一个方面，如担保产品、资金规模等，缺乏对融资担保整体服务质量的量化和评价研究。

第二，对融资担保服务实体经济的高质量发展重视不够。现有研究大多是站在融资担保公司自身的角度，对融资担保的效率、产品研发等方面进行研究。但是融资担保公司除了作为独立法人外，还是服务实体经济的重要组成部分，因此还需要从实体经济角度对融资担保服务质量进行评价，并提出改进措施。

第三，对多主体参与融资担保服务质量的研究尚且不足。融资担保涉及多方参与主体，包括政府、小微企业、银行、融资担保公司等。而这些参与主体有着不同的经营目标，导致在参与小微企业融资过程中考虑的因素及最终的行为决策各不相同，对融资担保服务质量的影响也各不相同。而对各方参与主体对融资担保服务质量的影响的研究尚有不足，无法了解多主体不同利益驱动下对融资担保服务质量的影响。

2.3.2　关于融资担保服务有效性研究的述评

国内外学者依靠自身学术背景，基于国情和地域差异，侧重于不同角度，采用多种方法在担保效果评估，担保运行效率评价、担保有效性的影响因素和提升对策等方面开展了系统化研究，取得了许多有价值的成果，为本书奠定了基础。然而，现有研究仍存在以下有待完善之处。

第一，从国外研究成果来看，多侧重于探讨信用担保本身是否有效，即担保效果的评估，少有探究担保运行过程中的效率情况，关于小微企业融资担保有效性中担保效率影响因素的研究也有待丰富。并且，江苏省是国内经济大省，现有研究针对江苏地区的小微企业融资担保有效性的研究仍有待深入。

第二，对担保政策目标和融资中介作用的探究有待深入。从国内研究来看，虽然近几年学者们对担保运行效率的研究热情高涨，而且定量研究也逐渐涌现，但多把担保机构等同于普通企业，仅在追求持续盈利的目标驱动下，从微观视角研究其内部投入产出和运营绩效状况，在一定程度上忽视了担保机构的政策目标和融资中介作用发挥的探究。即使有此方面研究也只是将其纳入企业整体运营绩效评价体系中，作为一项指标被分析，未能系统研究担保有效性的影响因素。且在研究方法上以层次分析法结合主成分分析法以及 Tobit 回归模型为主，难以科学有效地揭示多变量间的作用关系和探究复杂的影响路径。

第三，融资担保参与主体决策行为对担保有效性影响的研究不足。融资担保参与主体多、彼此间利益诉求不一致、各自决策行为复杂多变，致使融资担保有效性影响因素来源广、影响路径模糊。而现有研究多基于外生因素，较少考虑主体利益实现和决策行为等根源因素的作用。

2.3.3　关于融资担保服务效率研究的述评

国内外相关学者对小微企业融资担保效率进行了研究分析，丰富了融资担保效率的相关研究，并且为本书提供了坚实的基础，但现有研究在以下几个方面有待完善。

第一，在小微企业融资担保效率测度方面，已有研究多集中于融资担保的经济效益进行分析，对其社会效益的关注不足，研究方法有待进一步完善，并且针对江苏小微企业融资担保效率问题的研究较少。

第二，不够全面系统地探究小微企业融资担保效率的影响因素，并且尚未针对江苏省融资担保政策及当地小微企业实际情况，针对性地研究江苏小微企业融资担保效率影响因素。

第三，需要深入挖掘江苏小微企业融资担保效率影响因素的影响程度，并以此提出针对江苏小微企业融资担保效率的提升策略。

2.3.4　本书的研究思路

由国内外文献梳理可知，融资担保公司对小微企业融资担保服务的质效研究均有相应的理论及实践上的佐证。基于现有研究中有待完善之处，本书拟从小微企业的角度出发，构建融资担保服务质量评价模型，针对融资担保服务小微企业这一基本前提，对融资担保服务质量进行评价，了解融资担保服务质量的高低，探究融资担保参与主体之间的相互影响机制，并提出提升融资担保服务质量的策略。与此同时将维持融资担保公司自身的可持续发展作为立足点，充分发挥其融资中介作用这一视角，从担保效益（担保成功与否）和担保效率（担保成本）两方面衡量融资担保有效性。依托对江苏省部分担保公司的实际调研结果，借助结构方程模型定量探究江苏小微企业融资担保有效性的影响因素，同时运用三阶段 DEA-Tobit 模型，系统测度当前江苏小微企业融资担保效率，以此深入研究影响江苏小微企业融资担保效率的宏微观因素的影响程度，力求能够提出江苏小微企业融资担保有效性和融资担保效率的提升策略。从而使研究不仅可以促进江苏以及全国融资担保公司的健康、可持续发展，而且对缓解小微企业融资困境具有一定的理论和现实意义。

第3章　相关概念及理论基础

本章首先对本书涉及的小微企业及融资担保相关概念进行阐述；接着对用到的相关理论，如公共产品理论、关系贷款担保理论等进行论述；最后介绍文章采用的研究方法。

3.1　相关概念

3.1.1　小微企业

2011年7月，在《中小企业划型标准规定》中，我国增加了微型企业这一企业类别。同年，经济学家郎咸平教授将小型企业与微型企业合并提出"小微企业"的概念，至此小微企业成为学术热点。在实践中，小微企业不仅包括小型和微型企业，还包括家庭作坊式企业、个体工商户等类型，依据企业的所有权、经营情况以及市场份额进行界定。定性的界定方式可以准确把握小微企业的共性，但该种方式受主观因素影响，缺少精确的界定标准。

为了更好地区分企业类型，方便管理，多数国家均采取了定量的方法区分企业类型。目前我国关于企业的划型标准主要参考国家统计局《统计上大中小微型企业划分办法（2017）》，以行业类别为划分基准，结合企业的从业人数、企业营收以及资产额等企业指标或替代指标，将我国企业划分为大型、中型、小型、微型四种类型。例如，一般工业企业中，从业人员少于1000人或营业收入不足 40000 万元为中小微型企业。其中，从业人员数量在 20 及以上且营业收入在 300 万元及以上的为小型企业；从业人员数量小于 20 或营业收入低于 300 万元的为微型企业。不同行业的具体划分区间不同，但选取的指标均是企业营业收入、从业人员和资产总额。小微企业虽然企业规模小，但其基数大，对国民经济有着重要的影响，但小微企业的发展却受制于融资的可获得性，融资担保却可以有效解决这一问题，因此对小微企业融资的关注不仅要关注银企之间的关系，而且要考虑融资担保服务在企业融资中发挥的作用。

3.1.2　信用担保

关于信用担保的内涵，主要观点分为三种。第一种，是指当债务人不能履行债务时保证人按约定履行债务或承担责任的行为（梅强等，2002）。第二种，是指专门机构面向社会所提供的一种制度化保证（刘新来等，2006）。第三种，是兼顾资产责任和信誉证明的金融中介行为，由信用担保机构与债权人约定以保证方式为后者提供担保，当后者无法履行约定由前者代为承担债务（陈乃醒，2004）。

本书对信用担保界定如下：企业向银行借款时，由依法设立的担保机构以保证方式为企业提供担保，当企业无法履约时由担保机构承担偿还责任，从而保障银行债权实现的金融支持方式。

中小企业信用担保模式依据不同标准可分为多种类型。首先，依据担保机构的性质和目标可将其分为政策性、商业性和互助性担保机构。政策性担保机构是由政府出资、不以营利为目的、针对特定服务对象、为实现政策性目标而设立的；商业性担保机构则是自负盈亏，自己承担风险，以利润最大化为目的，一旦有损失要用自有资金来填补；互助性担保机构，是由企业集群或工业园区内的中小企业出资为主组建，只为会员提供担保服务，不以营利为目的。其次，按出资人及出资比例不同可分为：完全政府出资、含有政府出资以及民间出资的担保机构。最后，按担保机构所处区域和运行特点的不同可分为山西模式、广东模式、浙江模式、安徽模式、上海模式等。

3.1.3 融资担保

融资担保即担保人与银行等债权人约定，当被担保人无法履行债务时，由担保人按合同约定承担担保责任的行为，属于信用担保的一种方式。融资担保公司则是依法设立经营融资担保业务的有限责任公司或股份有限公司。在企业或个人向银行等金融机构融资过程中，融资担保公司作为第三方信用介入金融机构与资金需求方之间，一方面提高了借款企业或个人的资信等级，增加融资可得性；另一方面当贷款无法偿还时，按照约定履行一定的代偿责任，确保贷款合同中的相关责任和义务得以继续完成。可见，信用担保与融资担保是两个不同的范畴，前者的概念更为广泛且包含后者。两者本质上并无较大区别，只是名称随着环境的变化而有所调整，本节将综合前人对信用担保的研究，对融资担保概念及类型进行相关概念界定。

前已叙及，关于狭义信用担保的概念，学术界主要认为信用担保是借贷活动中的信用保证行为（曹凤岐，2001；梅强等，2002；陈乃醒，2004；李毅，2008），即信用担保机构以自身资产和信用等级为基础约定，保证债务人履行其责任与义务，保障债权人实现债权的方式，是一种信誉证明和资产责任保证相结合的中介性或服务性的经济活动，即融资担保。这也就要求担保方在介入借贷活动时，需要出示自身资金和信用等级的证明材料，以使得债权人相信担保方分散风险的能力。因此，信用担保方（融资担保方）一方面在合作前需要对被担保人的资产、效益和信用进行评估，减少违约风险的发生；另一方面若发现被担保人无法履行偿债义务时，需代替其承担偿债责任，保障债权人的利益。关于信用担保的提供方，目前大致有两种观点。一是由专业的担保机构（融资担保公司）提供制度化的保证，具有一定的标准和规范，受国家法律政策等制度规则的约束；二是信用担保可以由企业法人或个人提供，这在实践中也较为常见，如供应链中的企业互保行为。而在我国，对小微企业实行融资担保的多数是专业提供担保服务的融资担保公司。因此，本书的研究对象主要是社会上专业的融资担保公司所提供的面向小微企业的融资担保服务，而非实践中所有的融资担保服务。首先，依据担保机构的性质和目标可将其分为政策

性、商业性和互助性担保机构。政策性融资担保公司主要是为贯彻政策性目标
而设立的，不以营利为目的，其资金主要由政府部门或国有企业出资。商业性
融资担保公司是指以营利为目的，资本金由企业或个人出资成立的融资担保公
司，该类型的融资担保公司兼营投资业务。互助性融资担保公司是指处于一定
区域或产业集群内的中小企业，为缓解自身贷款难而自发组建的担保公司，主
要由参与组建的企业出资，实行自我管理，不以营利为目的。其次，按出资人
及出资比例不同可分为：完全政府出资、含有政府出资以及民间出资的担保机
构。最后，按担保机构所处区域和运行特点的不同可分为山西模式、广东模
式、浙江模式、安徽模式、上海模式等。

3.1.4　融资担保服务质量

实体产品主要依靠其外观、产品寿命、性能等直观因素进行质量评价，但
服务型产品并无具体的外观，且产品具备的易逝性和不可分离性决定了其质量
评价的复杂性。基于此，格罗鲁斯认为服务质量应由功能质量和技术质量组
成：功能质量（服务过程）是消费者在服务交互中感受到的服务水平，技术
质量（服务结果）是顾客在服务结束后得到的服务结果。依据上述观点，服
务型产品的质量即为顾客对服务产品质量的感知与预期之间的差距，若感知质
量高于预期质量，则表明该消费者接受了较高的服务质量，反之则表示服务质
量较低。

因此，本书将融资担保服务质量界定为：融资担保公司提供的融资担保
服务达到小微企业预期服务质量的程度，即融资担保公司在小微企业融资过
程中，提供的各项为满足小微企业融资需求、提高小微企业融资效率、减少
小微企业融资成本的一系列人力、资源等服务达到小微企业预期服务的
程度。

3.1.5　融资担保有效性

在《现代汉语词典》中，"有效性"是指完成策划活动和达到策划结果的

程度。有效性可分为效益和效率两个标准，前者指是否达到预期目标，后者指为达目标付出的成本。而融资担保有效性这一概念目前在理论界尚无统一的定义，但该概念却多次出现在学者们的研究中，并且因每个人研究视角不同，对其界定也略有差异。国外研究多指信用担保本身是否有效，即担保效果评估，具体指信用担保在增加中小企业融资可得性、增加企业绩效以及增加社会就业等方面的支持效果。例如，凯文等（2015）将担保有效性界定为信用担保在增加企业贷款可得性方面的促进作用，即信用担保的附加性；赖丁等（2001）将担保有效性理解为担保在促进社会就业和增强企业盈利水平方面的支持效果。而国内研究多指担保机构内部投入产出比，即担保效率评价，具体指担保在缓解中小企业融资难题上的执行效率、担保运行效率或经营绩效。本书将其界定为：作为小微企业融资中介的融资担保公司，是否凭借其担保能力充分发挥了应有的融资扶持作用，在维持自身可持续经营的前提下以较低的代偿成本、较高的担保成功率为小微企业融资提供担保服务，更持久地满足尽可能多的小微企业融资需求。即融资担保有效性也有两个衡量标准，融资担保效益和融资担保效率，前者指是否达到预期目标（担保是否成功），后者指为达目标付出的代价（担保成本）。

3.1.6　融资担保效率

企业的效率问题最早由法雷尔（Farrell）于1957年开始研究，首次提出利用成本函数、生产函数、利润函数来对企业效率进行衡量和测度，他认为，企业的效率包括两个方面：一方面是资源配置效率，反映了企业在各个要素给定的价格和现有技术水平下，能够以最优的比例调用这些要素的水平和能力；另一方面是技术效率，反映了企业以一定的投入来获取最大产出的能力。关于融资担保效率，国内外研究多指融资担保公司内部的投入产出比。然而，国内外不同学者针对融资担保公司的投入和产出的选取指标存在差异，因此测度的角度与侧重点不同。例如：哈坎等（2012）研究了土耳其的信用担保基金计划，并用固定资产投入以及代偿率来衡量融资担保效率；李雅宁等（2017）采用了实收资本、固定资产、累计担保总额、利润总额等作为测度融资担保效率的投入产出指标，对 48 家北京市融资担保公司进行实证研究，表明北京市融资担保公司的社会效益依然有很大的进步空间；薛菁等（2017）选取了职工人数、注册资本、当年经营费用作为投入指标，选取当年担保贷款额、所服务的小微企业数、保费收入作为产出指标并运用 DEA 方法测度了融资担保服务效率的地区差异。

本书将融资担保效率定义为：融资担保公司为小微企业提供融资担保增信所获得的经济效益以及社会效益的总和与其投入成本之间的比值。并选取人员规模、固定资产净值、当年经营费用、注册资本、累计提取准备金作为投入指标，将净利润、累计担保金额、担保小微企业户数、受保企业销售额增加、利税增加、新增就业岗位作为产出指标，以此衡量融资担保效率。

3.2　理论基础

3.2.1　公共产品理论

公共产品理论起源于大卫·休谟（David Hume，1739）在《人性论》中提到的"搭便车"思想，而对欧美各国和日本等国家公共支出的考察，学者们逐渐区分了适合公共生产和私人生产的产品，但并没有具体给出私人产品和公共产品的普遍特征。随着社会的发展，萨缪尔森（Samuelson，1954）对公共品进行了定义：公共品是指一个人对该种产品的消费不会影响其他人对同种产品的消费，并给出了公共品的基础属性为：非排他性和非竞争性。在此基础上，布坎南（Buchanan，1965）在《俱乐部经济理论》中提出了"准公共产品"或"混合产品"的概念，他认为萨缪尔森提出的公共产品概念为"纯公共产品"，但现实社会中大量存在着仅供一部分人消费的中间产品，这类产品并不完全具备公共产品的属性。公共产品的特征、种类的完善，与随后出现的公共产品的供求、运行、激励评价机制共同形成了公共经济学。

依据萨缪尔森对公共产品的经典定义，公共产品主要具备非排他性和非竞争性的特征。非排他性是指消费者之间共同享有该产品产生的效益；非竞争性是指当一个人消费产品和服务时，并不影响其他人同时消费产品和服务。而满足其中之一条件的产品则为准公共产品。

为了缓解小微企业融资难问题，国家组建了融资担保公司，一来融资担保公司充分利用其经济杠杆效应为企业引来金融活水，具有正向的外部效应，且产生的效益具有非排他性。但融资担保服务也并非像空气等纯公共产品那样可供所有人进行消费，因此融资担保并不完全具备纯公共产品的属性，属于准公共产品。基于准公共产品的理论概念及特征，本书研究的融资担保服务质效是从其政策定位出发，了解融资担保服务的现状，分析融资担保服务需要改进的地方，并提出相应的改进措施。

3.2.2 信息不对称理论

美国经济学家阿克洛夫（Akerlof）、史宾斯（Spence）和斯蒂格利茨（Stiglitz）对信息不对称的关注和研究早在 20 世纪 70 年代便开始了，该理论的出现为市场研究提供了新的视角。信息不对称理论的关注点主要集中于市场活动中买卖双方所掌握信息量的多少。掌握较多信息量的一方在双方交易过程中处于有利地位，可以通过只披露对己方有利的信息或从作为信息中介向需要信息的一方提供信息获利，而信息匮乏的一方则处于劣势地位，在市场活动中处于被动选择一方。由于信息不对称这一情况的存在，在市场活动中极易引发逆向选择和道德风险的现象，进而导致市场资源配置效率低下。

由于小微企业缺乏完备的信息披露机制，因此在其融资过程中，银行等金融机构无法对小微企业的财务情况、产品前景等关键衡量因素做出准确判断，进而导致小微企业融资难现象的发生。而对于银行等金融机构而言，融资担保公司掌握了相对较多的关于小微企业的信息，可有效缓解银企之间的信息不对称问题，减少了银行信贷配给的行为；同时融资担保公司自身的资金实力和信用等级，可缓解小微企业可能发生的道德风险带来的经济损失。小微企业的贷款离不开融资担保公司的帮助，在一定程度上融资担保公司处于优势地位，容易导致融资担保无法真正提供高质量的融资担保服务。小微企业缺乏对融资担保服务真实情况的了解，极易导致双方逆向选择行为的发生，因此政府、行业内其他融资担保公司等主体的介入，可提升融资担保行业信息的透明度，降低信息不对称带来的小微企业在选择融资担保服务上的难题。

3.2.3　信贷配给理论

信贷配给是指由于市场利率低于市场出清的瓦尔拉斯均衡水平，使得信贷市场上出现了超额需求。[①] 在信贷市场中，按契约条件贷方资金供给少于借方资金需求的这样一种现象成为信贷配给（Affee，1987）。而狄米撒和韦勃（DeMeza and Webb，1992）则将其定义为在一般利率条件下，贷款的需求超过了供给使得信贷市场无法出清的现象。信贷配给实际表现为：当贷款的需求超过供给时，即使借款人愿意接受更高的利率，银行等金融机构也不会以较高的利率来放贷，却通过抑制贷款的需求来达到信贷市场的均衡，即采取贷款配给策略，仅能部分地满足借款人的信贷需求。

斯蒂格利茨和韦斯在《不完全信息市场中的信贷配给》指出银行贷款收益不仅取决于贷款利率也取决于借款企业违约风险，变化关系见图 3 - 1。

如图 3 - 1 所示，D_1 与 D_2 分别代表了信息不对称和对称下的企业融资需求，S_1 与 S_2 分别表示两种情况下银行的信贷供给量。当信贷市场上的信息对称时，D_2 与 S_2 相交，信贷供需相同。而在信息不对称状态时，银行信贷量呈现出弯曲函数状态，使得 S_1 和 D_1 无法相交。银行为降低信贷违约所带来的风险，会选择在最佳贷款利率 r_1 下对借款企业采取信贷配给，银行贷款审批数额 M_1 远小于企业的资金需求 M_3。该现象在小微企业群体中更加明显，由于其信用信息很难获得，致使其贷款风险难以测度，即使它们愿意接受比较高的利率，银行也不会全部满足它们的需求，而是一般会对其实施信贷配给。因此，

[①]　市场出清是经济学的一个重要概念，指在市场调节供给和需求的过程中市场机制能自动地消除超额供给或超额需求，使得市场在短期内自发地趋于供求均衡状态。瓦尔拉斯均衡：整个市场上过度需求与过剩供给的总额必定相等。

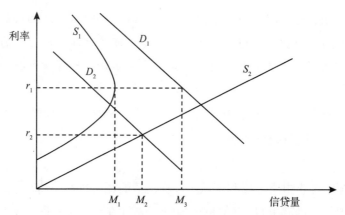

图3-1 信息不对称和信息对称下的信贷市场均衡

资料来源：Stiglitz J E, Weiss A. Credit rationing in markets with imperfect information［J］. American Economic review, 1981, 71（3）: 393-410.

小微企业融资难根本上是由于信息不对称，导致信贷配给不足（徐蕾，2021）。信用担保机构的介入，减轻了信息不对称程度，将原本银行等金融机构承担的风险转移到自身，在一定程度上可减弱银行放款过程中的风险因素考虑，起到缓解信贷配给约束的作用。

3.2.4 融资担保相关理论

1. 信贷交易成本担保理论

关于融资担保的交易成本理论由巴罗（Barro）于1976年在信贷配给基础上提出。他认为担保是执行贷款合约的一个机制，如果借方不能履约，担保价值会受损，所以转让担保品会促使借款者履约。担保价值与借方所获得的贷款的价值可能存在差异，贷方对于借方所提供的担保品价值保有追索权尤为重要。该理论一个关键性假定是：对借贷双方而言，担保品的价值是不同的，前者高于后者。贷款存在违约的可能性，加之在转移担保品所有权过程中不可避免地会发生一些相关的交易成本，导致借方预期利率、实际利率与贷方预期利率之间便会出现差异。银行将根据企业违约概率评估损失并设定最终的贷款利率，因此借方预期支付的利息会相对高于基准的交易成本费率。

2. 信号传递与资信评价担保理论

当借贷双方信息不同时，担保可在理性预期信号传递中充当附加、间接的信号源。借方选择担保品的过程向贷方传递了下一个关于自身信息的信号，且能被完全揭示。提供担保时会付出一定交易成本，这使得企业不得不公布真实信息，于是对于那些高品质企业而言，它们会主动提供更多担保。如果银行对项目评价过低，考虑到要想得到较低的贷款利率，则企业便有提供担保的动机或压力。此种非对称评价也许会促使银行向企业提供远低于它们预期的利率，但前提是银行能够得到企业的贷款担保。由于借贷双方的不对称评价和基于不同信息的考虑，借方品质与其提供的担保数量呈正相关。担保反映了双方不对称的评价，且在同等规模企业中正是品质良好的才提供担保。

3. 关系贷款担保理论

关系担保理论聚焦于研究银企关系对企业融资的影响。众多学者经过研究后基本达成了一致的观点：银企之间良好的合作关系有利于企业获得银行的融资，因为在长期的银企合作过程中，银行可以有效了解企业的具体情况，减少信息不对称带来的信贷配给行为，企业也可凭借与金融机构良好的关系用较低的成本获得所需的资金（Thakor，1994；Berger et al.，1995）。因此，解决借贷双方信息不对称的途径之一便是借贷双方建立了良好的合作关系。在信息不对称引发信贷配给的情况下，企业等借款者如何有效获得资金所有方的信任是关键。而银行等金融机构作为风险厌恶者，且资金需求方发展的不确定性，故价格条款并不能帮助银行等金融机构实现收益最大化，为避免在合作过程中出现的道德风险，对于银行等金融中介机构来说，非价格因素显得更为重要。因此，若资金需求方与资金所有方保持长期良好的借贷关系，就可以使得银行等金融机构在其还款能力和态度上保持信心，同时也可以使得银行相信资金需求方可为自身带来丰厚回报。在此基础上，借款者可以支付较低的利率和抵质押品。关系借贷可以帮助资金所有方了解借款者的软信息，长期良好的借贷关系可有效缓解双方的信息不对称问题。

关系担保理论强调借款者与银行保持长期良好关系的重要性，虽然在关系建立的初期，借款者需支付较高的利率，但随着合作次数的增加，这种借贷关系发展到一定阶段后，银行对借款的条件也会相应降低。因此，越长久的借贷关系就会帮助企业获得更为宽松的借款条件。

3.2.5 顾客感知的服务质量理论

关于服务质量的研究从 20 世纪 70 年代至今，大致可分为三个阶段：第一阶段主要明确了服务质量的研究对象，包括服务质量的定义和特征等；第二阶段则主要解决了服务质量的评价问题，包括评价模型和量表的开发、管理的实践等；第三阶段则将服务质量作为变量因素，探究与企业战略相关的管理问题。而对于服务型产品质量的评价应当从产品特点着手，一般服务型产品具备以下三个特点。

第一，从产品本质以及产品交付的过程上看，服务型产品质量具有一定的主观性，因为服务质量是一种顾客感知的质量。在服务产出以及与顾客的交互过程中，顾客对服务存在一定的感知，进而形成了服务质量的评价，因此服务质量作为客户感知的质量，具有个人主观性，而不同顾客的不同质量预期进一步导致了服务质量存在个体差异性。

第二，服务质量的价值是服务提供方与接收方在交互过程中产生的。服务产品的价值是在服务的过程中产生的，由于服务的生产也伴随着消费的产生，所以在此过程中顾客会与服务提供方产生较多的互动，进而直接形成服务的价值，产生服务质量。

第三，服务质量具有体验特性。实体产品可通过相互比较得出质量的高低，但服务则需要通过体验才能给予评价，例如酒店服务，只有顾客亲自消费后，才能对其服务质量进行评价，这也就是服务质量的两个构成要素：技术质量和过程质量，顾客感知的服务质量不仅包含服务结果，也包括服务的全过程。

3.2.6 效率相关理论

融资担保效率的研究对整个融资担保行业来说是个较为复杂的问题，有必要进行系统的研究。因此，为了更好地研究融资担保效率，对效率相关理论进行概括性的回顾是十分有必要的。

1. 新古典经济学的效率理论

新古典经济学关注企业外部效率，考察如何达到市场机制的效率最优，也就是经济学界广泛使用的"帕累托效率"。新古典经济学的效率理论中，对某一个经济体而言，如果其达到了帕累托效率，那么它应当在交换、生产和产出市场三个方面符合效率。交换效率表示当两种产品的边际替代率都等于其价格比时，配置才是有效率的。产出市场的效率，也称为产品组合的效率，它假定产出市场是完全的竞争市场，若产品之间的边际转换率和消费者的边际替代率相等，表示产出市场是有效率的。

新古典经济学的效率理论以市场机制的效率为研究对象，忽视了企业的生产过程、生产结构等对内部效率产生的影响。主要观点是：企业的生产函数是既定的，只要企业按照生产函数组织生产，就能够获得最大的内部效率。

2. 现代西方经济学的效率理论

现代西方经济学的效率理论，在很大程度上是在对新古典经济学的效率理论进行批判和完善中实现的。新古典经济学效率理论认为，生产要素配置一旦确定了，效率也就确定了，要素配置达到最优也就实现了效率最优，而忽略掉了组织效率和交易成本的问题。

针对上述问题，莱宾斯坦（Leibenstein，1966）提出了代表非配置效率，也就是代表组织效率的 X 效率理论（X 代表来源不明的非配置效率）。X 效率理论认为决定企业产出的因素不仅包括企业的要素投入如劳动力、资本、土地、企业家才能和技术水平，还包括许多未知数，并称这种未知数为 X 因素，而 X 效率就是由这些未知因素引起的效率。X 效率理论表明，许多国家在资本和劳动力等要素投入不变的情况下，激励约束机制的改变，可以带来劳动生产率的显著变化。因此企业的生产效率除了受生产要素投入和技术水平提高影响外，必然还受其他更重要的因素的影响，而这个因素具体是什么是未知的，所以称为 X 效率。

3.3　研究方法简介

3.3.1　博弈论和博弈分析

博弈论又称对策论，是探究个体之间合作或竞争的学科，该理论由冯·诺依曼和摩根斯顿在《博弈论和经济行为》中提出。博弈论研究博弈局中人的行为选择，由于各个主体之间的决策是相互关联、相互影响的，因此可以在博弈过程中发现可参考或遵循的规则，最终可使得两方主体处于均衡状态。博弈分析作为博弈论的应用，在本书中博弈分析主要运用于参与融资担保服务的主体之间，探究各个主体对融资担保服务质量的影响。

小微企业融资担保参与主体主要包括小微企业、银行、融资担保公司，政府则是监管主体。对于融资担保服务质量的提升，小微企业作为服务的接收方可通过对不同服务质量的选择，对融资担保服务质量产生影响；政府作为监管主体可对融资担保服务质量进行奖惩，进而影响融资担保服务质量；融资担保行业整体和个体对服务质量的选择会产生交互影响，进而决定整个行业的服务质量是否螺旋式上升；而银行对融资担保的关注点在于其分散风险的能力，对其服务企业的质量不在其考虑范围，因此本书并未将银行纳入博弈模型中。基于上述分析，在融资担保圈中，各主体行为策略均会依据另一方行为及自身期望收益进行调整，进而达到稳定状态。为此，本书构建了"融资担保—小微企业""融资担保—政府"和"融资担保—融资担保"模型，分析参与主体的合作策略选择，在模型求解的基础上寻求稳定策略，并探讨各个主体在提升小微企业融资担保服务质量过程中的关键因素。

3.3.2　服务质量评价模型

SERVQUAL 是 service quality 的缩写，它在顾客感知的基础上，将服务质量量化为顾客对服务质量感知和期望之间的差值。顾客接受的服务虽然不尽相同，但关于服务质量评价的标准却相差无几。基于上述思想，将服务质量的评价标准划分为 10 个评价维度，包括可靠性、响应性、接近性、胜任性、礼貌性、沟通性、信用性、安全性、了解性、有形性，同时设置了 97 个指标来描述相应的维度。为了保证量表的科学性，运用数理统计的方法对抽样调查的结果进行统计分析，对指标进行了重新归类，最后形成了常见的包括 5 个维度共 22 个指标的 SERVQUAL 评价量表。

该模型的 5 个维度分别为有形性、可靠性、响应性、保证性和移情性，各维度解释及相应的描述指标如下。

（1）有形性：指服务提供方的实体设备和人员，该维度主要强调顾客视觉上的质量，如整齐的服饰、专业的设施等。其描述指标包括：先进的服务设施；吸引人的实体设备；专业的服务器械；统一的服装。

（2）可靠性：指服务提供方完成承诺服务的能力，强调服务提供方的合同精神。其描述指标包括：承诺服务的完成度；完成服务的及时性；服务记录的完善程度；困难客户的关心程度；公司整体的可靠程度。

（3）响应性：指服务提供方的服务人员在服务产生时的反应速度，强调服务人员的敬业程度。其描述指标包括：告知义务；服务的及时性；服务人员的乐于助人态度；服务人员对顾客的关注程度。

（4）保证性：指服务人员获取顾客信赖的能力，强调服务人员的专业性，可以使得顾客打消疑虑并获得顾客信任。其描述指标包括：服务人员的可信赖程度；顾客对交易过程的信赖程度；服务人员的礼貌服务；公司为服务人员提供更高的服务创造了条件。

（5）移情性：了解顾客需求，能提供个性化差异服务，主要强调的是对顾客权益的重视和对顾客个性条件的满足。其描述指标包括：服务人员对顾客需求的了解程度；公司可提供个性化服务；服务人员会对客户进行差异化服务；顾客利益的优先级；公司提供的服务时间符合顾客的需求。

大量实证研究表明，SERVQUAL 5 个原始维度可以很好地表现服务质量。融资担保服务具有一般服务产品的特性，故而 SERVQUAL 具有一定的适用性。但由于 PZB 对服务质量维度的研究是建立在美国环境中的特定行业下的，其他国家和地区的适用性无法确定。故本书需将融资担保服务的特征纳入量表设计中，对指标和数据进行筛选后进行评价分析。

3.3.3 结构方程模型

结构方程模型（Structural Equation Model，SEM）以变量的协方差作为分析基础来研究变量之间的相互关系，所以又被称作协方差结构分析。主要分析软件有：LISREL、AMOS、EQS 和 Mplus。该模型具有同时处理多个因变量、允许自变量和因变量含有测量误差、可以同时估计因子结构和因子关系、容许更大弹性的测量模型、能够估计整个模型的拟合程度等优点。

结构方程模型通常包含测量模型与结构模型。前者用以描述潜变量（η，ξ）与观测变量（X，Y）的关系，后者描述潜变量间的关系，形式如下。

测量模型方程：
$$Y = \Lambda_y \eta + \varepsilon$$
$$X = \Lambda_x \xi + \delta$$
(3 − 1)

结构模型方程：
$$\eta = \beta\eta + \Gamma\xi + \zeta$$
(3 − 2)

式（3 − 1）和式（3 − 2）中，Λ_y，Λ_x 代表内外生观测变量与潜变量的关系，β 表示内生潜变量 η 间的关系，Γ 代表外生潜变量 ξ 对内生潜变量 η 的影响。ε、δ、ζ 分别为内生观测变量的误差项、外生观测变量的误差项、结构方程的残差项，反映了方程中不能被解释的部分。

由于本书调查对象为融资担保公司，它们大部分规模较小，且未上市，难以直接获取详尽的财务报表及业务信息；另外，调查问题涉及公司业绩及核心业务，极易引发调查对象抵触态度。而结构方程模型恰好可以有效回避样本数据敏感性，可测量难以直接观测的变量和复杂的作用关系。因此，本书通过构建 SEM 并运用 AMOS 软件获取路径系数及相关分析数据，实证分析了担保公司财务实力及业务能力、小微企业资信水平及经营状况、银行合作态度和政府扶持政策对小微企业融资担保有效性的具体作用机制。

第4章 小微企业融资担保服务质效评价指标体系的构建

目前鲜有关于融资担保服务质效评价的专门研究，但其却是小微企业在选择融资担保服务时的主要关注点，因此有必要对现有的融资担保服务质效展开评价研究。本章首先分析了小微企业融资担保服务质量和效率的现状，其次，在参考 SERVQUAL 评价量表和该量表在不同行业运用经验的基础上，开发了适用于从小微企业角度评价融资担保服务质量的量表。最后，结合 DEA 模型构建江苏小微企业融资担保效率测度的指标体系。

4.1 小微企业融资担保服务质效的现状分析

4.1.1 融资担保盈利能力较弱且代偿成本偏高

融资担保主要通过收取一定担保费获取收入，理论上担保费率应由市场机制自发调节至与风险匹配，但担保费率提高会增加融资成本。多年来，我国融资担保费率普遍不高，融资担保收入甚微。在近几年疫情背景下，更是如此。融资担保公司在代偿总额中最终承担的比例大多在80%以上，其中承担全部风险的不在少数，而理想的代偿分担比例应为50%～80%。发生代偿的主要原因是被担保企业销售收入无法如期到账、经营不佳导致亏损或破产；此外，被担保企业逃避或变相逃避债务、披露虚假财务信息欺骗担保公司和银行等也占一定比例。可见，被担保企业的现金周转能力和盈利能力是其履约还款的重要保障，而银企与担企的信息不对称，引发了逆向选择和道德风险，加重了担保代偿成本。

4.1.2 融资担保公司信用供给能力有待增强

近几年融资担保行业减量增质态势明显。一是数量方面主动调整至稳定区间，如江苏省政府办公厅曾于 2015 年发布《关于促进全省融资担保行业健康发展的意见》，引导行业"减量增质、做精做强"。政策发布至今，融资担保公司数量稳中有降，已稳定至合理区间。此阶段数量调整与 2013 年规范清理和被动整顿明显不同，摘牌公司多为市场优胜劣汰竞争机制下担保公司的常规主动退出。二是质量方面集团化优势凸显。融资担保公司逐渐重视集团化发展战略，在坚守主业基础上做大做强品牌影响力，增强自身竞争力。供给数量减少使得供给质量提升显得尤为必要和紧迫。但是当前担保机构融资担保能力整体存在一定程度的闲置，担保资源未得到有效配置。具体体现在：（1）担保实际放大倍数偏低。由于合作银行协议放大倍数的约束和担保公司自身风险管理能力的不足，小微企业融资担保业务开展受限。调查结果显示，超过半数的担保机构与合作银行协议放大倍数小于 5 倍，其余均介于 5～10 倍。可见融资担保公司与合作银行的协议放大倍数较低，不能满足担保业发展的实际需要。（2）担保业务能力有待提升。目前融资担保公司大都选择采取银行推荐的方式拓展小微企业融资担保业务，除此以外商会和行业协会推荐以及相关政府部门推荐也是较为普遍的获客渠道。可见相对于采取会员制、社会宣传、市场调研等内部拓展渠道，融资担保公司更多借助外部相关力量来获得与小微企业的联系，主动拓展业务方面有所欠缺。此外，融资担保行业是高风险的知识型行业，需要高素质、宽知识面、既懂企业管理和财务管理又懂法律和经济等知识的综合性人才。但目前融资担保公司在职员工虽然学历层次较高，但明显缺乏专业从业经验，担保业务能力有待提升。（3）融资担保风险管理和控制水平有待提高。第一，保前风险准备较完备但审查不充分。第二，保中风险监控措施多样但项目责任制有待落实。第三，保后风险控制制度不健全，"政银担企"联动机制尚未完全建立。风险转移上，由于反担保政策环境有待优化，许多反担保措施无法落实，小微企业又缺乏足额、变现能力强的反担保资源，融资担保公司难以有效转移风险。风险分散上，银行将担保公司当作"防火墙"，不愿积极参与风险分担，造成融资担保公司承担的风险过于集中。风险补偿上，融资担保公司收益较小，政府资金补偿和政策支持体系又尚未完全建立，代偿后的抗风险能力下降。

4.1.3　商业银行资金供给态度较为保守

虽然说目前融资担保公司与既有合作银行关系维持较好，注重长期业务往来，银担"伙伴金融"新理念得以树立，但大部分融资担保机构反映商业银行的合作态度较为保守和消极，具体如下。（1）银行合作门槛较高。调查显示，获得银行认可的主要条件是融资担保公司信誉、注册资本规模和经营管理水平，而银行对这些要素的审核要求较高，一般的融资担保公司很难达到。另外，银行为抑制风险对合作协议放大倍数进行限制，进而直接限制了担保实际放大倍数。再者，银行常常要求融资担保公司缴纳全额保证金，使得担保资金放大作用失去了意义。（2）银担风险分担不合理。首先，在风险分担比例上，绝大多数融资担保公司承担 100% 的风险，仅有少数融资担保公司在合作过程中与银行共同承担风险，这种现状明显不利于担保风险分散。其次，在担保方式上，银行一般都要求融资担保公司承担连带责任。较高的风险分担比加上连带责任保证方式无疑将银行应该承担的风险全部转移给融资担保公司，将会恶化融资担保公司生存环境，削弱小微企业融资担保有效性。（3）银行和融资担保公司沟通不畅。由于关于融资担保公司的征信报告更新不及时、信用评级未普及等因素，导致银行对融资担保公司产生误解。同时，部分融资担保公司运作不规范，降低了行业信用水平，银行会采用更加严苛谨慎的方法对其进行审核。另外，部分地区还未建立银担信息共享平台，双方不能及时共享小微企业的相关信息，制约了融资担保业务的高效开展。

4.1.4　政府资金和政策供给手段有待创新

首先是政府资金支持力度有待加强且主要方式有待转变。担保资金补充机制是融资担保持续发展的重要保障，但只有少数融资担保公司接受过政府定期资金补偿，其余即使能获得政府的不定期补偿，补偿频率也较低，且获得资金补偿的形式有所差别，主要有补充代偿损失、保费补贴、后续资本金补充、担保规模较大时的奖励补助。其中最常见的形式是代偿损失补偿，虽然该方式最直接、及时，但非长久之计，还应结合业务奖励形式激励融资担保公司规范经营。

其次是政策制定有待精细化且惠及范围有待扩大。虽然政府近年确实加大了对融资担保公司的政策扶持力度，尤其是对符合条件的融资担保公司实行税收优惠政策，但主要包括营业税和准备金税前扣除，其他税收优惠政策如所得税减免、税收返还机制等还未有统一、明确的规定。而且目前受惠担保公司数量有限，远没有达到普惠标准，各地方政府执行力也参差不齐。

4.2　小微企业融资担保服务质量评价量表构建

由于目前鲜有关于融资担保服务质量评价的专门研究，但其却是小微企业在选择融资担保服务时的主要关注点，因此有必要对现有的融资担保服务质量展开评价研究。本节在参考 SERVQUAL 评价量表和该量表在不同行业运用经验的基础上，开发了适用于从小微企业角度评价融资担保服务质量的量表。同时，对开发的量表进行预调研，剔除不合要求的指标，保证量表的科学性，形成最终融资担保服务质量评价量表，以便后期对融资担保服务质量进行评价研究。

4.2.1　小微企业融资担保服务质量 SERVQUAL 量表开发

在小微企业的融资活动中，银行等金融机构因信息不对称对小微企业实施信贷配给，融资担保增信在一定程度上增强了银行等金融机构放贷的信心。但对于小微企业而言，融资担保公司在一定意义上也处于优势地位，融资担保服务属于卖方市场，小微企业无法对提供服务的融资担保公司形成较大影响。但国家设立融资担保公司的初衷是解决企业融资难问题，小微企业对融资担保服务质量的评价也较为重要，因此了解融资担保服务的现状不仅需要对融资担保自身经营情况进行调查，更需要从小微企业角度出发，构建评价量表并进行质量调查。

原有的 SERVQUAL 模型是美国学者针对信用卡、银行、证券交易和产品维修 4 个服务业总结而得，但 SERVQUAL 模型的项目表述是一种通用量表，在运用到具体行业时需要针对行业特点进行指标的修订（丁夏齐等，2002）。目前国内学者运用 SERVQUAL 模型对各项服务进行评价时，均针对行业特点对该模型进行了维度及指标的重新定义。因此，在运用 SERVQUAL 模型对融资担保服务进行评价时，需要综合考虑服务特征，对维度和指标进行修正。

1. 对 SERVQUAL 量表的修正

基于 SERVQUAL 量表的 5 个维度 22 项评价指标，综合考虑融资担保服务的特征，在理论研究、文献查阅以及专家访谈的基础上，本书对原始 SE-RVQUAL 量表做出如下两点修改。

一是将"有形性"与"移情性"合并为"关怀性"，体现融资成本的减少。原始量表中，有形性主要是指服务提供方的实体设备和人员，即为服务提供者可以提供优良服务的有形证明。然而，融资担保服务作为银行与小微企业之间的中介服务，对融资担保公司的实体硬件设置要求较低，且小微企业在实际业务中更加注重融资需求的满足，因此对融资担保服务的感知大多是来自融资过程中的交互体验，而非视觉上的感受。移情性主要是指公司提供的个性化服务，了解客户需求。融资担保公司在提供融资担保服务之外的任何服务，都能体现出融资担保对小微企业的关怀与扶持。基于上述原因，本书将原始量表中的有形性与移情性进行合并，并为体现融资担保的服务特征，将二者称为"关怀性"。因此"关怀性"包括以下几个指标：担保费用；融资成本的减少；提供附加服务；根据担企合作情况增加担保支持。

二是增添"便捷性"维度。小微企业融资具有"短、小、频、急"的特点，这就需要融资担保服务可以快速满足小微融资需求。这与响应性维度略有差异，响应性维度关乎的是融资担保服务快速响应小微企业的需求，服务体现在小微企业与融资担保公司之间。而便捷性维度立足于小微企业融资获得便捷程度，服务主要体现在银行和融资担保公司之间，即融资担保服务是否有效提升了小微企业的融资效率。因此"便捷性"包括以下几个指标：担保合同签订不需要补充额外约定，如过多的反担保等；银行条件的减少；担保贷款总是在预计时间内到账。

2. 融资担保服务质量 SERVQUAL 模型的维度描述

通过对原始 SERVQUAL 评价维度的调整，本书构建了融资担保服务质量评价模型。本模型共包括 5 个评价维度：保证性、响应性、可靠性、便捷性、关怀性，并在此基础上设计了相应的调查问项，具体量表见表 4-1。

（1）保证性。保证性是指融资担保公司的工作流程、工作人员的专业技能、服务态度及行为举止能否得到企业的信任。具体的问项包括：该融资担保公司制定的申请流程是较为规范的；该融资担保公司有一套较为规范的考察标准；对接的业务员是了解贵公司项目情况的；该融资担保公司考察团队是由专业人员组成的；与该融资担保公司合作的金融机构较多；该融资担保公司的贷后考察标准是规范的。

（2）响应性。响应性是指融资担保公司及时迅速地提供服务的意愿，并快速有效地解决企业的服务需求。具体的问项包括：贵公司的担保申请总是可以得到快速响应；考察环节在递交申请后可以快速实施；可以在较短的时间内获得融资担保公司的担保合约；该融资担保公司贷后考察时的预警总是及时的；该融资担保公司的代偿总是及时的。

（3）可靠性。可靠性是指融资担保公司能够准确地履行服务的能力，让企业获得其所期望的服务和帮助。具体的问项包括：该融资担保公司的考察结果是符合贵公司的预期的；负责接洽的融资担保业务员总是态度和蔼；担保细节等方面的协商效果总是让人满意的；贵公司的融资担保需求总体上可以得到满足。

（4）便捷性。便捷性是指融资担保公司服务可以有效减少小微企业获取融资的等待时间，提高小微企业的融资效率。具体的问项包括：担保合同的签订不需要补充额外的约定，如过分的反担保等；通过该融资担保公司，放贷银行不会在放贷环节提出附加条件，如存款数量上的要求等；担保贷款总是在预计时间内到账。

（5）关怀性。关怀性是指融资担保有效减少小微企业的融资成本，并为更好履行融资担保服务而提供的多样的、个性化产品与服务。具体的问项包括：该融资担保公司制定的担保费用是合理的；该融资担保公司有效减少了贵公司的融资成本；该融资担保公司会询问、听取贵公司在担保业务上的建议；该融资担保公司总是有符合贵公司情况的担保产品；该融资担保公司会提供类似财务咨询的附加服务；该融资担保公司会根据与贵公司的合作情况，增加对贵公司的担保支持。

表 4 - 1　　　　　　　　　　　融资担保服务质量评价量表

序号	维度	问项
1	保证性（B_1）	该融资担保公司制定的申请流程是较为规范的（B_{11}）
2		该融资担保公司有一套较为规范的考察标准（B_{12}）
3		对接的业务员是了解贵公司项目情况的（B_{13}）
4		该融资担保公司考察团队是由专业人员组成的（B_{14}）
5		与该融资担保公司合作的金融机构较多（B_{15}）
6		该融资担保公司的贷后考察标准是规范的（B_{16}）
7	响应性（B_2）	贵公司的担保申请总是可以得到快速响应（B_{21}）
8		考察环节在递交申请后可以快速实施（B_{22}）
9		可以在较短的时间内获得融资担保公司的担保合约（B_{23}）
10		该融资担保公司贷后考察时的预警总是及时的（B_{24}）
11		该融资担保公司的代偿总是及时的（B_{25}）

序号	维度	问项
12	可靠性 (B_3)	该融资担保公司的考察结果是符合贵公司的预期的（B_{31}）
13		负责接洽的融资担保业务员总是态度和蔼（B_{32}）
14		担保细节等方面的协商效果总是让人满意的（B_{33}）
15		贵公司的融资担保需求总体上可以得到满足（B_{34}）
16	便捷性 (B_4)	担保合同的签订不需要补充额外的约定，如过分的反担保等（B_{41}）
17		通过该融资担保公司，放贷银行不会在放贷环节提出附加条件，如存款数量上的要求等（B_{42}）
18		担保贷款总是在预计时间内到账（B_{43}）
19	关怀性 (B_5)	该融资担保公司制定的担保费用是合理的（B_{51}）
20		该融资担保公司有效减少了贵公司的融资成本（B_{52}）
21		该融资担保公司会询问、听取贵公司在担保业务上的建议（B_{53}）
22		该融资担保公司总是有符合贵公司情况的担保产品（B_{54}）
23		该融资担保公司会提供类似财务咨询的附加服务（B_{55}）
24		该融资担保公司会根据与贵公司的合作情况，增加对贵公司的担保支持（B_{56}）

4.2.2　融资担保服务质量评价量表形成

1. 问卷设计与问卷结构

基于融资担保服务质量评价量表，参考国内外文献，通过与融资担保行业内专业人士进行沟通后设计了问卷。首先，通过文献阅读，了解国内外关于公共产品服务质量以及融资满意度的相关研究情况，并在此基础上初步形成融资担保服务质量评价量表和问卷题项。其次，征求专业人员的相关意见后，对问卷中的维度和相关问项进行了针对修改。最后，在问卷初步设计完成之后，选择了与融资担保研究方向相关研究人员进行预测试，了解相关问项是否存在重复或语意不清的情况，提高了问卷质量，便于后期调研。

调查问卷主要由两部分构成。第一部分主要包括被调查的小微企业的基本情况以及接受融资担保服务的情况，用来了解样本来源，剔除不符合调研情况的样本。第二部分是被调查小微企业对其接受的融资担保服务的评价量表。

2. 量表的前测

本次问卷主要是调查小微企业对融资担保服务质量的评价，因此接受本次预调研的对象均是接受过融资担保服务的小微企业，通过他们填写问卷，筛查语义不清、表述模糊的选项，并有选择地对问卷进行修改。本书预调研共发放了 150 份问卷进行预调研，回收问卷 142 份，其中有效问卷 130 份，有效回收率为 86.67%。依据回收的问卷，运用 SPSS 软件对问卷进行信度和效度检验，基于检验结果，对问卷题项进行调整。

（1）前测量表的信度分析。信度分析主要考察量表的内部一致性，本书主要参考两个统计学指标，分别为 Cronbach's α 系数（以下简称 α 系数）和校正项总计相关系数（CITC）。根据指标的统计学意义，只有当 α 系数不低于 0.70，CITC 系数不低于 0.50，才表明量表具有较好的内部一致性。借助 SPSS 软件对小微企业融资担保服务质量的保证性、响应性、可靠性、便捷性、关怀性维度的感知与期望量表进行信度检验，结果见表 4-2 和表 4-3。

表 4-2　　　　　　　　　感知量表信度分析

维度	题项	各变量 α 系数	CITC 值	删除该题项后的 α 系数	备注
保证性	B_{11}	0.866	0.779	0.823	保留
	B_{12}		0.543	0.865	保留
	B_{13}		0.810	0.817	保留
	B_{14}		0.475	0.877	删除
	B_{15}		0.670	0.842	保留
	B_{16}		0.727	0.832	保留
响应性	B_{21}	0.769	0.026	0.908	删除
	B_{22}		0.693	0.674	保留
	B_{23}		0.745	0.655	保留
	B_{24}		0.776	0.639	保留
	B_{25}		0.683	0.682	保留

维度	题项	各变量 α 系数	CITC 值	删除该题项后的 α 系数	备注
可靠性	B_{31}	0.886	0.632	0.899	保留
	B_{32}		0.785	0.841	保留
	B_{33}		0.769	0.847	保留
	B_{34}		0.829	0.824	保留
便捷性	B_{41}	0.854	0.677	0.844	保留
	B_{42}		0.697	0.823	保留
	B_{43}		0.811	0.710	保留
关怀性	B_{51}	0.886	0.730	0.861	保留
	B_{52}		0.767	0.855	保留
	B_{53}		0.587	0.883	保留
	B_{54}		0.561	0.886	保留
	B_{55}		0.713	0.864	保留
	B_{56}		0.841	0.842	保留

表 4 - 3 　　　　　　　　　期望量表信度分析

维度	题项	各变量 α 系数	CITC 值	删除该题项后的 α 系数	备注
保证性	B_{11}	0.750	0.718	0.640	保留
	B_{12}		0.149	0.799	删除
	B_{13}		0.652	0.675	保留
	B_{14}		0.215	0.778	删除
	B_{15}		0.619	0.682	保留
	B_{16}		0.655	0.660	保留
响应性	B_{21}	0.765	0.020	0.906	删除
	B_{22}		0.693	0.668	保留
	B_{23}		0.745	0.648	保留
	B_{24}		0.776	0.633	保留
	B_{25}		0.666	0.680	保留

续表

维度	题项	各变量 α 系数	CITC 值	删除该题项后的 α 系数	备注
可靠性	B_{31}	0.803	0.649	0.742	保留
	B_{32}		0.660	0.733	保留
	B_{33}		0.546	0.786	保留
	B_{34}		0.642	0.750	保留
便捷性	B_{41}	0.834	0.647	0.815	保留
	B_{42}		0.754	0.714	保留
	B_{43}		0.693	0.777	保留
关怀性	B_{51}	0.882	0.763	0.851	保留
	B_{52}		0.778	0.848	保留
	B_{53}		0.558	0.887	保留
	B_{54}		0.613	0.874	保留
	B_{55}		0.766	0.850	保留
	B_{56}		0.703	0.860	保留

由表 4-2 和表 4-3 可知，在 α 系数上，感知及期望量表所有维度均符合基础要求；在 CITC 值上，感知与期望量表中 B_{12}、B_{14} 和 B_{21} 均不符合要求，且删除这 3 个问项后感知与期望量表的整体信度有了明显提高，故删除。接下来对保留下的题项进行进一步的信度检验，检验结果见表 4-4 和表 4-5。

表 4-4　　　　　　　　　修正后感知量表信度分析

维度	题项	各变量 α 系数	CITC 值	删除该题项后的 α 系数	备注
保证性	B_{11}	0.897	0.836	0.843	保留
	B_{13}		0.796	0.858	保留
	B_{15}		0.683	0.899	保留
	B_{16}		0.773	0.867	保留

续表

维度	题项	各变量 α 系数	CITC 值	删除该题项后的 α 系数	备注
响应性	B_{22}	0.908	0.747	0.896	保留
	B_{23}		0.824	0.869	保留
	B_{24}		0.843	0.861	保留
	B_{25}		0.754	0.893	保留
可靠性	B_{31}	0.886	0.632	0.899	保留
	B_{32}		0.785	0.841	保留
	B_{33}		0.769	0.847	保留
	B_{34}		0.829	0.824	保留
便捷性	B_{41}	0.854	0.677	0.844	保留
	B_{42}		0.697	0.823	保留
	B_{43}		0.811	0.71	保留
关怀性	B_{51}	0.886	0.73	0.861	保留
	B_{52}		0.767	0.855	保留
	B_{53}		0.587	0.883	保留
	B_{54}		0.561	0.886	保留
	B_{55}		0.713	0.864	保留
	B_{56}		0.841	0.842	保留

表 4-5　　　　　　　　修正后期望量表信度分析

维度	题项	各变量 α 系数	CITC 值	删除该题项后的 α 系数	备注
保证性	B_{11}	0.882	0.812	0.821	保留
	B_{13}		0.761	0.847	保留
	B_{15}		0.744	0.851	保留
	B_{16}		0.703	0.872	保留

维度	题项	各变量 α 系数	CITC 值	删除该题项后的 α 系数	备注
响应性	B_{22}	0.906	0.749	0.892	保留
	B_{23}		0.821	0.866	保留
	B_{24}		0.839	0.859	保留
	B_{25}		0.744	0.893	保留
可靠性	B_{31}	0.803	0.649	0.742	保留
	B_{32}		0.66	0.733	保留
	B_{33}		0.546	0.786	保留
	B_{34}		0.642	0.75	保留
便捷性	B_{41}	0.834	0.647	0.815	保留
	B_{42}		0.754	0.714	保留
	B_{43}		0.693	0.777	保留
关怀性	B_{51}	0.882	0.763	0.851	保留
	B_{52}		0.778	0.848	保留
	B_{53}		0.558	0.887	保留
	B_{54}		0.613	0.874	保留
	B_{55}		0.766	0.85	保留
	B_{56}		0.703	0.86	保留

如表 4-4 和表 4-5 所示，修正后的感知与期望量表的 α 系数（不低于 0.70）和 CITC 值（不低于 0.50）均符合统计学要求，因此保留剩余题项。

（2）前测量表的探索性因子分析。量表数据是否可进行因子分析需要参考两个统计学指标：Kaiser-Meyer-Olkin（KMO）检测和 Bartlett's 球形检验。一般来说，需同时满足 KMO 值不低于 0.6，Bartlett's 球形检验的 Sig 值 <0.05 才能进行因子分析。

通过 SPSS 软件对感知和期望量表进行 KMO 值检验，结果分别为 0.887 和 0.825，均大于 0.7；显著性概率（Sig 值）为 0.000，符合因子分析的标准。然后对小微企业融资担保服务质量感知与期望量表进行因子分析，结果如表 4-6 所示。

表4-6　　小微企业融资担保服务质量感知与期望量表探索性因子分析

量表	因子	题项	因子				
			1	2	3	4	5
小微企业融资担保服务质量感知量表	保证性	B_{11}	0.878				
		B_{13}	0.820				
		B_{15}	0.632				
		B_{16}	0.814				
	响应性	B_{22}				0.703	
		B_{23}				0.780	
		B_{24}				0.808	
		B_{25}				0.813	
	可靠性	B_{31}		0.660			
		B_{32}		0.742			
		B_{33}		0.831			
		B_{34}		0.853			
	便捷性	B_{41}					0.842
		B_{42}					0.869
		B_{43}					0.907
	关怀性	B_{51}			0.875		
		B_{52}			0.748		
		B_{53}	0.442				
		B_{54}	0.415				
		B_{55}			0.863		
		B_{56}			0.796		
累计解释总体方差变异（%）			76.808				

量表	因子	题项	因子				
			1	2	3	4	5
小微企业融资担保服务质量期望量表	保证性	B_{11}			0.895		
		B_{13}			0.876		
		B_{15}			0.857		
		B_{16}			0.824		
	响应性	B_{22}	0.779				
		B_{23}	0.886				
		B_{24}	0.874				
		B_{25}	0.781				
	可靠性	B_{31}					0.830
		B_{32}					0.809
		B_{33}					0.736
		B_{34}					0.793
	便捷性	B_{41}				0.723	
		B_{42}				0.809	
		B_{43}				0.854	
	关怀性	B_{51}		0.862			
		B_{52}		0.804			
		B_{53}	0.426				
		B_{54}				0.487	
		B_{55}		0.800			
		B_{56}		0.644			
	累计解释总体方差变异（%）		72.121				

如表 4-6 所示，共提取 5 个特征值大于 1 的因子；同时累计解释总体方差变异为 76.808% 和 72.121%（大于 60%），符合要求，对实际问题有着较好的解释。但在关怀性维度中，B_{53} 和 B_{54} 的题项的因子载荷均低于 0.5，故删除该两项指标。然后，对剩余题项进行二次因子分析，可得感知与期望量表的 KMO 值分别为 0.876 和 0.813，可进行因子分析。本次因子分析共选取了 5 个特征值大于 1 的共同因子，具体结果见表 4-7。

表 4-7　修正后小微企业融资担保服务质量感知与期望量表因子分析结果

量表	因子	题项	因子					累计解释总体方差变异（%）
			1	2	3	4	5	
小微企业融资担保服务质量感知量表	保证性	B_{11}				0.885		78.631
		B_{13}				0.822		
		B_{15}				0.620		
		B_{16}				0.812		
	响应性	B_{22}			0.706			
		B_{23}			0.792			
		B_{24}			0.82			
		B_{25}			0.813			
	可靠性	B_{31}		0.672				
		B_{32}		0.751				
		B_{33}		0.834				
		B_{34}		0.855				
	便捷性	B_{41}					0.842	
		B_{42}					0.869	
		B_{43}					0.908	
	关怀性	B_{51}	0.877					
		B_{52}	0.754					
		B_{55}	0.863					
		B_{56}	0.802					

量表	因子	题项	因子					累计解释总体方差变异（%）
			1	2	3	4	5	
小微企业融资担保服务质量期望量表	保证性	B_{11}		0.897				74.707
		B_{13}		0.876				
		B_{15}		0.856				
		B_{16}		0.824				
	响应性	B_{22}	0.779					
		B_{23}	0.887					
		B_{24}	0.875					
		B_{25}	0.802					
	可靠性	B_{31}				0.829		
		B_{32}				0.813		
		B_{33}				0.733		
		B_{34}				0.797		
	便捷性	B_{41}					0.722	
		B_{42}					0.838	
		B_{43}					0.83	
	关怀性	B_{51}			0.868			
		B_{52}			0.816			
		B_{55}			0.809			
		B_{56}			0.665			

（3）最终量表的形成。本书通过预调研对量表的信度和效度进行检验之后，删除了不符合统计学要求的5个问项，形成了本书最终的小微企业融资担保服务质量评价量表，该量表包括5个维度，共19个问项，具体维度和指标见表4-8。

表 4 – 8　　　　　　　　　小微企业融资担保服务质量评价最终量表

	维度	指标
融资担保服务质量	保证性（B_1）	申请流程（B_{11}）
		业务员对小微企业的了解程度（B_{13}）
		合作金融机构的数量（B_{15}）
		贷后考察标准（B_{16}）
	响应性（B_2）	考察环节的实施速度（B_{22}）
		担保合约的获取速度（B_{23}）
		预警的及时性（B_{24}）
		代偿的及时性（B_{25}）
	可靠性（B_3）	考察结果符合预期（B_{31}）
		负责接洽的业务员态度（B_{32}）
		担保细节等方面的协商效果（B_{33}）
		融资担保需求的满足性（B_{34}）
	便捷性（B_4）	担保合同签订不需要补充额外约定，如过分的反担保等（B_{41}）
		银行条件的减少（B_{42}）
		担保贷款总是在预计时间内到账（B_{43}）
	关怀性（B_5）	担保费用（B_{51}）
		融资成本的减少（B_{52}）
		提供附加服务（B_{55}）
		根据担企合作情况增加担保支持（B_{56}）

4.3　小微企业融资担保效率测度指标体系构建

4.3.1　调查问卷设计

随着金融改革的深化，各类金融产品及融资工具不断推出市场，基于社会融资规模的扩大，融资担保行业仍不断向高质量发展进发。尽管融资担保行业的监管政策在不断完善，但是行业代偿风险依然较高，融资担保公司平均盈利水平不高。在社会不断发展的过程中，当前小微企业融资担保效率现状尚待揭示，有必要对其进行深入调查。考虑到了解全国融资担保效率情况有一定的难度，这里选择以江苏省为例。

为了解江苏小微企业融资担保效率的现状及问题，选择省内各个地区的部分融资担保公司，通过问卷调研方式开展研究。结合课题组前期调研经验以及现有研究成果，并根据融资担保领域相关专家讨论的意见进行修改，最终问卷包含四个部分：融资担保公司基本信息、融资担保公司担保投入情况、融资担保公司担保产出情况、针对不同主体所提出的提升融资担保效率的策略建议。

4.3.2　融资担保效率测度模型构建

小微企业融资担保体系的投入产出种类较多，适于采用数据包络分析（data envelopment analysis，DEA）对其效率进行分析测度。数据包络分析是由美国著名运筹学家查恩斯（Charnes et al.，1978）提出的一种效率测度方法，其基本模型包括规模报酬不变的 C^2R 模型和规模报酬可变的 BC^2 模型。现实中，受国家融资担保政策、技术进步等多种因素的影响，融资担保公司为小微企业提供的增信往往难以满足规模报酬不变的假定，因此采用规模报酬可变的 BC^2 模型对融资担保公司进行效率测度比较合适。但是，传统 DEA 中的 BC^2 模型没有考虑外生环境变量对融资担保效率测度结果的影响，因此本书采用三阶段 DEA 模型，用以分析外生环境变量并剥离随机干扰项，更真实客观地测度小微企业融资担保效率。

在融资担保领域，采用三阶段 DEA 模型进行效率测度的原理和步骤如下：

1. 一阶段 DEA 分析

第一阶段仅仅是基于原始数据的 DEA 分析，考虑江苏小微企业融资担保投入产出的特点，选用 BC^2 模型，测算各个决策单元（decision making units，DMU）的相对效率。假设有 n 个 DMU，每个 DMU 有 m 种投入（用向量 X 表示）和 s 种产出（用向量 Y 表示）。那么，它的效率公式如下：

$$h_j = \frac{\sum\limits_{r=1}^{s} u_r \, Y_{rj}}{\sum\limits_{i=1}^{m} v_i \, X_{ij}} \quad (j = 1, \ 2, \ \cdots, \ n) \qquad\qquad (4-1)$$

式（4-1）中，通过调整 u 和 v 的取值，使 h_j 满足条件：$h_j \leqslant 1$。在此基础上，以 θ 表示第 j 家融资担保公司服务江苏小微企业的效率值，以所有 DMU 的效率指数为约束条件，可以得到对偶形式的最优投入产出模型（BC² 模型）如下：

$$s.t. \begin{cases} \min\theta \\ \sum\limits_{j=1}^{n} X_j \, \lambda_j + S^- \leqslant \theta \, X_j \\ \sum\limits_{j=1}^{n} Y_j \, \lambda_j + S^+ \leqslant \theta \, Y_j \\ \sum\limits_{j=1}^{n} \lambda_j = 1 \\ \lambda_j \geqslant 0, \ j = 1, \ 2, \ \cdots, \ n \\ S^+ \geqslant 0, \ S^- \geqslant 0 \end{cases} \qquad (4-2)$$

式（4-2）中，S^+ 和 S^- 分别是引入的松弛变量和剩余变量。当 $\theta = 1$，表示该融资担保公司取得最大的投入产出比，因而是技术有效的；$\theta < 1$ 则存在技术效率损失。

2. 二阶段 SFA 分析

第二阶段使用随机前沿分析（stochastic frontier approach，SFA）的随机成本函数模型进行回归分析。第二阶段分析主要是在第一阶段传统 DEA 基础上考虑江苏小微企业融资担保效率的影响因素，并剔除随机误差。假定将 P 个外部环境变量作为解释变量，第一阶段 DEA 得到的各融资担保公司投入项的总松弛量作为被解释变量，建立 SFA 回归方程如下：

$$S_{ik} = f^i(Z_k, \ \beta^i) + v_{ik} + u_{ik}; \ k = 1, \ 2, \ \cdots, \ n \qquad (4-3)$$

式（4-3）中，$f^i(Z_k, \ \beta^i)$ 表示外部环境变量对投入差额值的影响过程，u_{ik} 为管理无效率项，v_{ik} 为随机误差项，二者均服从正态分布，且假设两随机变量独立不相关。基于 SFA，利用式（4-3）得出估计结果：$(\beta^i, \ u^i, \ \sigma_{iv}^2,$

σ_{iu}^2），参考罗登跃（2012）的管理无效率适用公式，公式如下：

$$E(v_{ik} \mid v_{ik} + u_{ik}) = S_{ik} - Z_k \beta^i - E(u_{ik} \mid v_{ik} + u_{ik}) \qquad (4-4)$$

将得到的结果利用式（4-4）调整新的投入变量，得到式（4-5）：

$$x_{ki}^* = x_{ki} + \left[\max(Z_k, \ \beta^i) - Z_k \beta^i \right] + \left[\max(v_{ik}) - v_{ik} \right] \qquad (4-5)$$

式（4-5）中，x_{ki}^* 是调整后的投入值，x_{ki} 是调整前的投入值，$[\max(Z_k, \beta^i) - Z_k \beta^i]$ 是对外部环境因素进行的调整，$[\max(v_{ik}) - v_{ik}]$ 是对随机干扰项的调整。

3. 三阶段 DEA 分析

第三阶段 DEA 方法和第一阶段传统 DEA 方法类似，投入变量使用经第二阶段调整后的新投入变量，再次使用传统 DEA 方法对江苏小微企业融资担保效率进行度量，得到最终的效率值。

4.3.3　测度指标体系的选择与设计

本书以现有研究为基础，在经济效益和社会效益两个维度下科学选取江苏小微企业融资担保效率的投入产出变量，具体的衡量指标、指标的说明以及理论依据如表 4-9 所示。

表 4-9　　　　　　江苏小微企业融资担保效率测度指标选择

变量	衡量指标	指标的说明	理论依据
投入变量	人员规模	衡量管理水平投入以及为江苏小微企业提供担保服务时的人力资源投入	黄庆安（2011）
	固定资产净值	衡量合理使用运营成本为江苏小微企业提供融资担保服务	李雅宁等（2017）
	当年经营费用	衡量担保过程中审查江苏小微企业所需的资金投入	薛菁等（2017）
	注册资本	为江苏小微企业提供融资担保过程中银担合作的风险分担投入	文学舟等（2013）崔晓玲等（2013）
	累计提取准备金	为江苏小微企业提供融资担保过程中的风险防控资金投入	奥斯曼等（2016）

变量	衡量指标		指标的说明	理论依据
产出变量	经济效益	净利润	为江苏小微企业提供担保的过程中融资担保公司的收益水平	王新安等（2014）
		累计担保金额	为江苏小微企业提供融资担保的担保能力强度	殷志军等（2011）
		累计担保小微企业户数	衡量融资担保公司为多少江苏小微企业提供了担保服务	Tsolas et al.（2012）
	社会效益	受保小微企业销售额增加	衡量受到担保服务的江苏小微企业的发展状况	哈坎等（2012）
		受保小微企业利税增加	衡量受到担保服务的江苏小微企业的盈利状况以及国家纳税的贡献水平	Oh et al.，（2009）
		受保小微企业新增社会就业岗位	衡量受到担保服务的江苏小微企业新增就业岗位的贡献	哈坎等（2012）

表4-9列出了测度江苏小微企业融资担保效率的投入产出变量，例如：人员规模为投入变量之一，主要衡量融资担保公司在为江苏小微企业提供担保时的人力资源投入以及管理水平的投入，融资担保公司需要投入大量的人力对小微企业融资担保项目的风险、企业的信用状况、企业的还款能力等方面进行调查，进而确定是否为其进行担保以获得信用贷款，从而达到增信的目的。

依据三阶段DEA模型的原理可知，该模型的第二阶段分析中需要剖析外部环境的影响，故选取了外部环境指标。外部环境指标方面，借鉴相关学者的研究，选取各地区生产总值以及融资担保制度政策的影响作为外部环境变量。经济发达与经济不发达地区的融资担保行业在其发展过程中必然呈现出一定程度的差异。此外，融资担保制度政策的不同，如风险分担制度、税收优惠政策等方面存在差异，必将影响着小微企业融资担保效率。

4.4 本章小结

本章分析了小微企业融资担保服务质量的现状，在已有参考文献及融资担保业务实践的基础上，构建了小微企业融资担保服务质量和效率的指标体系。

在服务质量方面，结合原有的 SERVQUAL 模型各维度和指标的含义，对原有模型进行了维度的调整和含义的重新描述，并根据定义的维度选取指标，形成融资担保服务质量初始评价量表。接着对初始量表进行信度和效度检验，剔除不良指标，形成了包括保证性、响应性、可靠性、便捷性和关怀性在内的 5 个维度及 19 个指标的融资担保服务质量最终评价量表。在效率方面，通过调查问卷的方式获取江苏小微企业融资担保相关数据，并选取三阶段 DEA 模型作为江苏小微企业融资担保效率测度方法，并构建了测度指标体系。以上指标体系均为第 5 章评价研究融资担保服务质效的影响因素提供基础。

第5章　小微企业融资担保服务质效评价

本章将基于前文的评价量表和指标体系，以江苏省为例，对融资担保服务质量和融资担保效率展开评价，并将从不同类型和不同维度的角度出发，对融资担保服务质量和融资担保效率评价结果展开分析。

5.1　小微企业融资担保服务质量评价和分析

5.1.1　数据收集与分析

1. 数据收集与描述性统计分析

以江苏省为例，针对小微企业融资担保服务质量展开研究，因此调研对象锁定为接受过融资担保服务的小微企业。再者，由于研究需要了解担保公司与企业之间的合作情况，故将答题者限定为小微企业企业主或公司的中高层管理人员。问卷主要通过纸质问卷发放，借助各地商业银行和担保公司等组织，在江苏全省共发放问卷 500 份，回收问卷 480 份。经过统计分析，其中部分企业不属于小微企业，部分小微企业未接受担保服务，最终整理发现接受过担保服务的小微企业共有 240 家，剔除有关键漏项和有逻辑矛盾的问卷，最终确定有效问卷为 203 份，有效率为 84.3%。在接受过的融资担保服务类别上，政策性、商业性和互助性融资担保服务分别为 88 份、94 份和 21 份。

2. 量表的信度分析

本节对正式调研的数据进行了信度检验，以保证实证分析的结果具备统计学意义。借助 SPSS 软件进行信度分析，结果见表 5 - 1。

表 5 -1　　　　　　　　　　　量表信度分析结果

维度	保证性（B₁）	响应性（B₂）	可靠性（B₃）	便捷性（B₄）	关怀性（B₅）	整体系数
期望 α 值	0.849	0.803	0.801	0.864	0.921	0.804
感知 α 值	0.921	0.930	0.900	0.860	0.936	0.927

由表 5 - 1 可知，融资担保服务质量期望部分以及感知部分量表 α 系数分别为 0.804 和 0.927，符合统计要求，由此可见，问卷信度较为理想，稳定性较强。此外，针对融资担保服务的特征增加的便捷性与关怀性维度的值均在 0.8 以上，说明新增的维度是符合企业对担保服务的需求的，为改进的 SERVQUAL 模型提供了有效支撑。

3. 量表的效度分析

本小节将对大样本的数据进行效度分析，主要的检验指标为 KMO 检测和 Bartlett's 球形检验，具体的检验结果见表 5 - 2。

表 5 -2　　　　　　　　　　量表的 KMO 和 Bartlett's 检验

量表	指标		数值
小微企业融资担保服务质量期望部分量表	KMO		0.817
	Bartlett 的球形度检验	近似卡方	2184.606
		df	171
		Sig	0.000
小微企业融资担保服务质量感知部分量表	KMO		0.902
	Bartlett 的球形度检验	近似卡方	3298.723
		df	171
		Sig	0.000

由表5－2可知，本问卷的 KMO 检验值为 0.817 和 0.902，均大于 0.7，且巴特利球形检验显著性概率 Sig ＝0.000，表明量表具有一定的可信度，且调查数据符合正态分布，符合因子分析的基本要求，各量表的探索性因子分析结果见表5－3。

表5－3   各量表探索性因子分析结果

量表	维度	题项	因子					累计解释总体方差变异（％）
			1	2	3	4	5	
小微企业融资担保服务质量感知量表	保证性	B_{11}		0.878				81.61
		B_{12}		0.822				
		B_{13}		0.829				
		B_{14}		0.722				
	响应性	B_{21}			0.749			
		B_{22}			0.786			
		B_{23}			0.833			
		B_{24}			0.814			
	可靠性	B_{31}				0.668		
		B_{32}				0.757		
		B_{33}				0.801		
		B_{34}				0.847		
	便捷性	B_{41}					0.867	
		B_{42}					0.850	
		B_{43}					0.924	
	关怀性	B_{51}	0.878					
		B_{52}	0.802					
		B_{53}	0.868					
		B_{54}	0.811					

量表	维度	题项	因子					累计解释总体方差变异（%）
			1	2	3	4	5	
小微企业融资担保服务质量期望量表	保证性	B_{11}			0.865			72.67
		B_{12}			0.790			
		B_{13}			0.826			
		B_{14}			0.849			
	响应性	B_{21}		0.528				
		B_{22}		0.816				
		B_{23}		0.845				
		B_{24}		0.797				
	可靠性	B_{31}				0.633		
		B_{32}				0.753		
		B_{33}				0.664		
		B_{34}				0.857		
	便捷性	B_{41}					0.742	
		B_{42}					0.846	
		B_{43}					0.849	
	关怀性	B_{51}	0.894					
		B_{52}	0.879					
		B_{53}	0.86					
		B_{54}	0.823					

5.1.2　小微企业融资担保服务质量评价

1. 维度权重设置

在赋予权重方面，常用的方法包括灰色关联度法、主成分分析法、专家咨询法、熵值法和层次分析法等。其中，赋权方法又可分为主观赋权法和客观赋权法。主观赋权法需要依据专家经验对指标的相对权重进行评价，如层次分析法和专家咨询法；客观赋权法主要是利用数据对相关维度或指标进行权重计算，如灰色关联度法、主成分分析法和熵值法，各个方法的介绍见表5-4。

表5-4 权重确定方法比较

方法	内容	优点	主客观
灰色关联度法	研究一个不断发展变化系统中各事物件的关联程度，对系统的发展态势进行量化分析	所需样本数据少，计算量小，但计算结果精度高	客观
主成分分析法	将可能存在线性相关的变量转变为一组线性不相关的变量，通过新变量对信息的反映程度作为权重	新变量不仅可以反映原有信息，且不存在关联，可避免人为提取指标的误差	客观
层次分析法	将复杂问题分解为不同层次的不同元素，对元素进行两两比较，最终将问题归结于最底层对最高层的相对重要权值的确定，即为权重	主要依靠个人的分析和判断，定性成分居多，定量计算较少，适用于不易量化的复杂问题	主观
熵值法	依据指标的离散程度确定指标权重，离散程度越大，则权重越大，说明该指标携带的信息越大	指标权重可对系统的变化而变化，稳定性不足	客观

资料来源：徐临，姚晓琳，李艳辉. 基于层次分析和熵值法的融资担保公司风险测度 [J]. 经济与管理，2017，31（2）：50-55.

主观赋权法具有较强的主观随意性，客观性较差的缺点，而客观赋权法判断结果不依赖于人的主观判断，有较强的数学理论依据，可以帮助深入探究小微企业对融资担保服务的感受与评价。主成分分析法的主要思路是降维并提取主要因子，但提取的主要因子存在一定程度的模糊性，无法确切清楚地表达原始变量，无法帮助准确把握融资担保服务质量存在的问题，故而此方法的适用性较差。而熵值法的指标权重是基于原始数据计算的，所得出的结果准确性较高，同时熵值法的指标权重可以随着系统的变化而相应地改变，是一种动态的赋权方法，适用性较强，优势明显。综上所述，采用熵值法确定权重的可行性较强。

首先按照式（5-1）对问卷所得的203个样本数据进行数据的无量纲化处理，得到标准化的样本数量指标A_{ij}矩阵，其中m为被调查企业的数量，其中$m=203$，x_{ij}为第i个维度的第j个指标的评分；

$$A_{ij} = \frac{x_{ij}}{\sum_{i=1}^{m} x_{ij}} \tag{5-1}$$

其次，按照式（5-2）计算熵值 E_j，即各个维度对总体服务质量的贡献总量；

$$E_j = -K \sum_{i=1}^{m} A_{ij} \ln A_{ij} \quad j = 1,\ 2,\ \cdots,\ R \tag{5-2}$$

其中，R 为维度数量，$R = 5$；常数 K 可以赋值为 $K = 1/\ln m$，以此保证 $0 \le E_j \le 1$。

最后，根据式（5-3）确定融资担保服务质量的各维度属性 W_j：

$$W_j = \frac{1 - E_j}{\sum_{j=1}^{R} (1 - E_j)} \tag{5-3}$$

将 203 份样本的数据代入上述计算公式，可得出各维度的具体权重赋值，其结果见表 5-5。

表 5-5　　　　　　　　　　　　　　　　　权重设置

维度	保证性（B_1）	响应性（B_2）	可靠性（B_3）	便捷性（B_4）	关怀性（B_5）
权重（%）	14.55	22.88	14.87	23.70	24.00

2. 融资担保服务质量的评价结果

小微企业融资担保服务质量主要依靠调查的 5 个维度的期望服务水平（E_i）与感知服务水平（P_i）之间的差距进行评价。考虑了不同类型的小微企业对融资担保服务质量评价量表各个维度的认知重要性不同，因此对融资担保服务质量整体评价需要考虑不同维度的相对重要程度，服务质量计算公式为：

$$SQ = \sum_{k=1}^{5} W_j \frac{\sum_{i=1}^{R} (P_i - E_i)}{R} \tag{5-4}$$

式（5-4）中，SQ 为小微企业融资担保服务质量的总体评价结果，W_j 为每个维度的权重，R 为每个维度的题项数目，E_i 为小微企业对第 i 个问题服务质量的感知平均值，P_i 为小微企业对第 i 个问题服务质量的期望平均值。

基于 203 份有效问卷，对政策性、商业性和互助性等融资担保公司的 19 个指标问项进行统计，分别得出了融资担保服务质量的平均期望值与平均感知值。了解融资担保服务质量各个指标的基础数据，为计算维度得分打下基础，具体计算结果见表 5-6。

表 5-6 三种模式融资担保服务质量期望与感知评价均值

维度层	指标层	平均期望（分）			平均感知（分）		
		政策性	商业性	互助性	政策性	商业性	互助性
保证性 (14.55%)	B_{11}	4.00	3.88	3.90	3.50	3.43	4.48
	B_{12}	3.40	3.34	3.43	3.53	3.40	4.43
	B_{13}	4.13	3.98	4.14	3.51	3.48	4.43
	B_{14}	4.18	3.98	4.33	3.59	3.46	4.57
响应性 (22.88%)	B_{21}	4.18	4.11	4.10	3.10	2.89	4.29
	B_{22}	3.72	3.62	3.76	3.09	2.96	4.29
	B_{23}	3.60	3.59	3.81	3.18	3.01	4.33
	B_{24}	2.95	3.13	3.10	3.07	2.98	4.29
可靠性 (14.87%)	B_{31}	3.68	3.66	3.67	3.23	3.22	4.29
	B_{32}	3.93	4.06	3.86	3.51	3.24	4.33
	B_{33}	4.24	4.20	4.14	3.50	3.34	4.29
	B_{34}	3.73	3.93	3.71	3.49	3.30	4.29
便捷性 (23.70%)	B_{41}	3.59	3.45	4.33	3.18	3.20	3.62
	B_{42}	3.48	3.46	4.29	2.90	2.85	3.43
	B_{43}	3.53	3.46	4.38	3.07	3.00	3.90
关怀性 (24.00%)	B_{51}	3.50	3.41	4.48	3.27	3.03	4.38
	B_{52}	3.53	3.39	4.43	3.35	3.17	4.38
	B_{53}	3.51	3.48	4.43	3.10	2.98	4.43
	B_{54}	3.59	3.46	4.57	3.26	3.04	4.52

表 5-6 共 8 列，第一列为"维度层"，包括融资担保服务质量各维度的名称及相应权重，第二列为"指标层"，是依据构建的融资担保服务质量评价模

型各维度设置的相应评价指标，如 B_{11} 表示第一维度的第一个指标，第三、第四、第五列是三种模式的融资担保服务各指标的期望的平均值，第六、第七、第八列是三种模式的融资担保服务各指标的感知的平均值，期望值与感知值总分均为 5.00 分。以融资担保服务保证性维度的 B_{11} 指标为例，政策性、商业性和互助性的平均期望分别为 4.00 分、3.88 分和 3.90 分，平均感知为 3.50 分、3.43 分和 4.48 分。根据表 5-6 的评价结果，将各个维度的指标进行平均值计算，可以得出各个维度的期望与感知得分，进而可以了解三种性质的融资担保服务各个维度的期望值与感知值之间的差距，具体的计算结果如表 5-7 所示。

表 5-7　　　　　　　　　　三种模式融资担保服务各维度的评价结果　　　　　　　　单位：分

维度	期望值（E）			感知值（P）			差距值（$P-E$）		
	政策性	商业性	互助性	政策性	商业性	互助性	政策性	商业性	互助性
保证性	3.926	3.795	3.952	3.534	3.441	4.476	-0.392	-0.354	0.524
响应性	3.614	3.609	3.690	3.111	2.960	4.298	-0.503	-0.649	0.607
可靠性	3.895	3.963	3.845	3.432	3.277	4.298	-0.463	-0.686	0.452
便捷性	3.534	3.454	4.333	3.049	3.018	3.651	-0.485	-0.436	-0.683
关怀性	3.534	3.436	4.476	3.247	3.056	4.429	-0.287	-0.380	-0.048

表 5-7 中，以政策性融资担保服务为例，政策性融资担保服务的保证性维度得分 3.926 分为例，该分值表示综合考虑保证性维度各指标分数的基础上，将政策性融资担保服务的保证性各指标进行平均值计算，最终求得政策性融资担保服务的保证性维度得分为 3.926 分。政策性融资担保服务保证性维度的差距值为 -0.392，该分值表示小微企业的感知值与期望值之间的差距为 0.392 分，负值表示融资担保服务的实际感知并未达到小微企业的期望。根据表 5-6 以及表 5-7 的计算结果，根据式（5-4）可以计算出政策性、商业性以及互助性融资担保的服务质量，其中服务质量评价数值越大，表示服务质量越好。以政策性融资担保公司为例，根据式（5-4），可得政策性融资担保公司的服务质量评价为 -0.42，即小微企业对政策性融资担保服务质量的感知与期望差距为 0.42，且感知质量未能达到预期。以此类推，可得商业性和互助

性融资担保服务质量的评价分别为 -0.50、0.11。为了更加直观地体现出融资担保服务质量的好坏，参考了刘玉敏等（2017）的机场服务质量测量方法，将融资担保服务质量的评价转化为百分值，即感知质量达到预期质量的百分比，转化式（5-5）如下：

$$Q = \frac{SQ - \left[\min(P) - \max(E)\right]}{0 - \left[\min(P) - \max(E)\right]} \times 100 \qquad (5-5)$$

式（5-5）中，Q 为小微企业融资担保服务质量的总体评价结果转化后的百分值。

以政策性融资担保公司为例，根据式（5-5）可得，政策性融资担保服务质量为 52，即政策性担保服务水平达到企业期望水平的 52%。以此类推，商业性、互助性担保服务质量的总体结果分别为 50 和 113，即其分别达到企业期望水平的 50% 和 113%，结果见表 5-8。

表 5-8   三种模式融资担保服务质量评价结果

服务质量评价结果及程度	政策性	商业性	互助性
服务质量评价结果	-0.42	-0.50	0.11
感知达到预期服务质量的程度（%）	52	50	113

5.1.3 小微企业融资担保服务质量评价结果分析

评价结果显示，小微企业对三种性质的融资担保模式在感知上存在着显著的差异。从服务质量最终的评价结果来看，互助性融资担保公司的综合评价最高，其次是政策性融资担保公司，商业性担保公司的担保服务评价最低，即从小微企业的需求出发，互助性担保服务可以更好地满足小微企业的心理预期，商业性担保服务和政策性担保服务与小微企业的心理预期还存在一定差距，但这也并不能证明互助性融资担保服务发展得更为完善。政策性融资担保公司主要由政府出资、专为贯彻缓解小微企业融资困境政策而设立的，小微企业自然是希望可以获得更好的服务。商业性融资担保公司提供服务是商业性质的活动，小微企业付出了较高的担保费用，也希望可以接收更高标准的融资担保服务。互助性融资担保公司是企业自发成立的，在担保业务上的不成熟可能使得小微企业对互助性担保服务的要求较低，进而使得感知期望之间的差距较小。同时，由于互助性担保主要为联盟内成员服务，服务范围小，进而互助性担保可以集中开展一种类型企业的担保服务，最终使得担保感知较好。

1. 不同类别的小微企业融资担保服务质量比较

通过对各个担保模式的服务维度分析发现，每种类型的担保服务质量优劣体现在不同的维度上。

第一，政策性担保服务关怀性较好，但响应速度感知较差。

从表 5 - 7 可看出，政策性担保服务中差距较小的为关怀性（- 0.287），这也体现出了政策性担保贯彻国家扶持小微企业发展、缓解小微企业融资约束的政策，小微企业在担保服务中感受到了低费率、多服务的关怀。虽然这使得融资成本有所减少，但是政策性担保服务的响应性的感知与期望差距较大。该维度的相对权重占比为 22.88%，相对权重较高，说明小微企业对融资担保服务能否满足企业融资"短、小、频、急"要求期望较高，但实际感知结果较差。从表 5 - 6 可看出，在响应性的 4 个指标中，小微企业感知与期望差距较大的为担保公司考察时间（- 1.08）、合约获取（- 0.63）等贷前指标。调查结果说明小微企业对于担保服务在贷前的响应速度要求较高，相反小微企业对担保服务贷后的响应要求较低，这与实际情况相符。在实际业务中，小微企业对资金的需求往往较急，故而企业需要较快的响应速度。但是由于担企之间的信息的不对称，为了防止企业的道德风险，减少担保公司的代偿损失，担保公司会在接受企业担保请求前，严格审核，多重考察，进而导致企业获取担保服务的时间延长，企业感知较差（唐弋夫，2020）。

第二，商业性担保服务规范性优势显著，但可靠性较低导致担保服务质量低下。

商业性融资担保公司的规模是其他两种类型的融资担保公司无法相比的，行业内一直占有较大市场份额，发展较为成熟，因此商业性担保服务从担保制度到审核流程上都是较为规范且符合企业期望的，企业的感知差距值较小，为- 0.354。但从表 5 - 7 的数据来看，商业性融资担保服务的可靠性问题较为突出（- 0.686），说明在准确履行对小微企业的承诺、满足企业融资担保的需求上，商业性担保服务做得还不够。从表 5 - 6 可看出，可靠性的 4 个指标，即考察结果是否满足期望、业务员的态度、协商效果以及担保满足性中，感知与期望差距最大的为细节的协商效果（ - 0.86），其次为业务员的接洽态度（ - 0.82），再次是担保需求的满足性（ - 0.63），最后为考察结果是否满足期望（ - 0.44）。由于商业性融资担保属于商业性质活动，在高收益的驱动下，担保公司可能由于逆向选择使得小微企业无法得到想要的担保需求和协商效果，进而导致一些优质企业被迫降低需求、接受更高的担保条件，可靠性感知较差（关云素，2018）。

第三，互助性担保服务质量受便捷性影响较大。

互助性担保服务总体感知较好，主要的问题体现在便捷性维度上，其感知与期望差距在 5 个维度中最高，为 - 0.683。从表 5 - 6 可看出，在便捷性的 3 个指标中，感知与期望差距最大的是银行条件的减少（ - 0.86），主要原因在于互助性担保公司在银行的信度是低于政策性和商业性担保公司的，因此小微企业依靠互助性担保公司进行担保，银行也会要求企业提供一些抵质押品，以保证银行信贷资金的安全性。也正是由于银行的认可度低，互助性担保在实际业务中可能需要承担 100% 的代偿风险，为了减少代偿损失，互助性担保也需要企业签订额外的反担保合约，保证自身以及其他企业的利益不受损失。

2. 不同维度的小微企业融资担保服务质量比较

根据统计结果，设置的服务质量评价模型的保证性、响应性、可靠性、便捷性和关怀性维度权重分别为 14.55%、22.88%、14.87%、23.70% 和 24.00%，但是三种类型的融资担保服务质量维度间的差异较大，互助性融资担保服务在保证性、响应性、可靠性和关怀性 4 个维度上一枝独秀，商业性融资担保服务在便捷性维度上感知与期望差距最小。由于市场上互助性融资担保公司数量较少，且该类型的担保公司由企业联盟内成员自发组织，无法成为大多融资担保公司借鉴的对象，故而将着重对比政策性和商业性融资担保公司在各维度上的差距，并分析原因。

政策性融资担保服务在响应性和关怀性上感知、期望和二者间的差距值均优于商业性融资担保服务，但是在保证性和便捷性维度上，政策性融资担保服务感知与期望差距大于商业性融资担保服务，由于小微企业对各维度在各类融资担保服务上的评价不同，将对各维度的评价结果进行分析。

第一，小微企业对政策性融资担保服务的保证性期望较高，但感知较差。

保证性维度是指融资担保公司的工作流程是否规范，工作人员是否具备解决问题的专业技能、礼貌的服务态度及行为举止能否得到企业的信任。而依据表 5-7 可知，在这一维度中，政策性融资担保服务的期望和感知均高于商业性融资担保服务，但小微企业对政策性融资担保服务的感知与期望的差距却大于商业性融资担保服务，可见在保证性整体维度上，商业性融资担保服务完成得更好。通过表 5-6 可知，政策性和商业性融资担保服务在保证性维度的各项指标的感知与期望差距如下：申请流程分别为 -0.5 和 -0.48，业务员对小微企业项目的了解程度分别为 0.14 和 0.06，合作的金融机构的数量分别为 -0.61 和 -0.5，贷后考察标准分别为 -0.59 和 -0.52。基于上述数据可看出，小微企业对于依托政策资金、贯彻国家政策而成立的政策性融资担保服务的规范性、覆盖程度和融资渠道的数量提出了更高的要求，如更多的合作银行、更为规范标准的申请流程和标准。由此可见，在实际业务中，政策性融资担保服务企业还需要进一步提升自身的担保实力，为小微企业创造更好的融资渠道。

第二，商业性融资担保服务的响应性有待提升。

响应性是指融资担保公司能否及时迅速地提供服务的意愿，并快速有效地解决企业的服务需求。在这一维度上，政策性融资担保服务的完成度高于商业性融资担保服务。而通过表 5-6 分析可知，在响应性的 4 个评价指标中，感知与期望差距最为明显的是代偿的及时性，政策性和商业性融资担保服务的感知与期望差距分别为 0.11 和 -0.15，可见，在实际业务中，小微企业对政策性融资担保服务的事后代偿的及时性更为满意。这也与实际相符，大多政策性融资担保公司的担保实力高于民间出资成立的商业性融资担保公司，由于资金更为充沛，政策性融资担保公司的代偿也较为及时，有效避免了银行的损失，也减少了欠佳征信记录的形成（杨松等，2018）。因此，商业性融资担保公司需有效增加资本金的同时，还应当根据自身担保实力合理地为小微企业提供担保。

第三，小微企业对商业性融资担保服务的可靠性期望较高，但实际完成度较差。

可靠性是指融资担保公司能够准确地履行服务的能力，让企业获得其所期望的服务和帮助。从表5-7的数据可看出，小微企业在可靠性上对商业性融资担保服务提出了更高的要求，但是实际业务中，政策性融资担保服务完成得更好。而从表5-6可知，在可靠性维度的4个指标上，政策性和商业性融资担保服务的感知与期望差距分别为：考察结果符合预期分别为 -0.45 和 -0.44，接洽业务员的态度分别为 -0.42 和 -0.82，担保细节等协商效果分别为 -0.74 和 -0.86，融资担保需求的满足度分别为 -0.25 和 -0.63。从以上数据可看出，小微企业支付给商业性融资担保公司更高昂的担保费用，对可靠性的要求更高，如更好的服务态度、更为清晰细致的担保合作细节以及更高的担保需求满足程度，而商业性融资担保服务的感知与期望差距较政策性融资担保服务高出许多，可见小微企业在实际融资过程中，商业性融资担保服务质量偏低，且在缓解银行信贷配给方面的作用不显著。

第四，政策性融资担保服务的便捷性有待提升。

便捷性维度主要是指融资担保公司服务可以有效减少小微企业获取融资的等待时间，提高小微企业的融资效率，而商业性融资担保服务便捷性维度差距较小，说明小微企业在便捷性维度上，对商业性融资担保服务更为满意。但从表5-7的数据中可看出，在便捷性维度上，企业对政策性融资担保服务的期望和感知均高于商业性融资担保公司，说明小微企业在便捷性维度上对政策性融资担保服务期望较高，政策性融资担保服务虽优于商业性融资担保服务，但还是没有达到小微企业预期的结果，进而造成了政策性融资担保服务在感知与期望绝对值高于商业性融资担保服务的情况下，差距值大于商业性融资担保服务。从表5-6的数据可看出，在便捷性维度上，小微企业对减少反担保品的期望值较高（3.59），其次为担保贷款到账的及时性（3.53），最后为银行条件的减少（3.48），而这3个指标的感知与期望差距值分别为 -0.41、-0.58、-0.46，说明小微企业在便捷性维度最为看重的为反担保品的减少，而在实际业务中服务质量较差的为担保贷款的到账时间，政策性融资担保公司需要在实际业务中提高与银行合作的效率，及时为小微企业引来金融活水，降低小微企业的融资成本（张海燕，2020）。

第五，政策性和商业性融资担保服务都应当着力提升关怀性。

关怀性是指融资担保有效减少小微企业融资成本，并为更好履行融资担保服务而提供的多样的、个性化产品与服务。在关怀性维度中，小微企业在担保费用、提供的附加服务和增加的担保支持等 3 个指标上，政策性融资担保服务的期望均高于商业性融资担保服务的期望，但在融资成本的减少指标上，小微企业对商业性融资担保服务的期望（3.39）却高于政策性融资担保服务的期望（3.53），可见小微企业期望商业性融资担保公司可以切实减少融资过程中的费用，落实融资担保准公共品的定位，着力解决小微企业融资贵的难题。

综上来看，目前融资担保服务存在的问题主要集中于融资担保不能在短时间内为小微企业提供其所需的服务，使得企业融资效率低下。此外，关怀性维度的感知与期望的差距虽小，但是相对权重最高，说明目前来看，小微企业对于融资担保服务能否提供额外的帮助、是否能最大限度降低融资成本方面期望相比其他维度较低，但是企业感知值较高，即融资担保服务的完成度较高，这也是融资担保服务实体经济应当努力的方向。

5.2　小微企业融资担保效率评价

5.2.1　第一阶段 DEA 效率分析

选取 BC^2 模型进行第一阶段传统 DEA 分析，使用 DEAP2.1 软件，测度江苏省 190 家融资担保公司为小微企业提供融资担保的效率，一阶段 DEA 所得效率值和规模效益情况见表 5-9。

表 5-9　　　不同模式融资担保公司第一阶段 DEA 效率值及规模效益

效率值及规模效益	所有融资担保公司	政策性融资担保公司	商业性融资担保公司
技术效率平均值	0.746	0.772	0.775
纯技术效率平均值	0.958	0.956	0.966
规模效率平均值	0.781	0.813	0.801

效率值及规模效益	所有融资担保公司	政策性融资担保公司	商业性融资担保公司
规模效益递增占比（%）	2.63	0	7.84
规模效益不变占比（%）	55.79	64.75	41.18
规模效益递减占比（%）	41.58	35.25	50.98

由表 5 - 9 可知：

（1）江苏小微企业融资担保综合效率有待提升，主要原因在于规模效率低下。表 5 - 9 的结果显示，190 家融资担保公司技术效率值为 0.746，表明整体技术效率平均值造成的资源浪费为 25.4%，其效率仍有很大的提升空间，融资担保公司的纯技术效率值普遍较高，而规模效率平均值为 0.781，可见其效率损失主要来源于规模效率不佳。①

（2）江苏省不同模式融资担保公司为小微企业增信的效率值差异较小，但商业性融资担保公司略高于政策性。表 5 - 9 的结果表明，商业性融资担保公司的技术效率均值为 0.775，政策性融资担保公司为 0.772，说明商业性融资担保公司为小微企业提供融资担保增信的效率略高于政策性，导致这种差异的原因可能是：商业性融资担保公司以盈利为目的，不断创新担保产品以获得高额收益，且其担保费率高于政策性融资担保公司，故其在维持社会效益达标的基础上经济效益较高；政策性融资担保公司由政府或国有企业出资成立，在获得政府相关扶持政策的基础上追求社会效益，但其往往忽视了融资担保所带来的经济效益，使其融资担保效率略低于商业性融资担保公司。

（3）政策性融资担保规模效益不变的现象较为突出，而商业性融资担保规模效益递减的趋势较为明显。政策性融资担保公司规模效益不变的占比达到了 64.75%，规模效益不变的现象非常明显。商业性融资担保公司规模效益递减的占比为 50.98%，可见近半数商业性融资担保公司需要根据自身条件适当

---

① DEA 分析得出的效率值介于 0 和 1 之间，越接近 1 说明效率值越高。技术效率代表了小微企业融资担保综合效率；纯技术效率平均值是假设规模报酬以及融资担保投入规模与结构可变时，融资担保公司为小微企业增信的效率；规模效率平均值衡量的是融资担保公司是否在最优规模下进行生产。

减小规模以达到规模效益不变。

　　为提高分析结果的可靠性，需要进一步分析决策单元所处的外部环境，剥离外部环境因素和随机干扰对效率值测度所产生的影响，因此进行第二阶段随机前沿分析（SFA 分析）。

5.2.2　第二阶段 SFA 分析

　　在第二阶段，需要考虑影响小微企业融资担保效率的关键外部环境因素，剔除传统 DEA 分析中随机干扰项的影响。第二阶段 SFA 分析的因变量是一阶段 DEA 分析中融资担保效率投入指标的松弛变量；自变量是地区生产总值和融资担保制度政策的影响值。选取上文介绍的类似 SFA 回归函数的模型，使用 Frontier 软件，对因变量和自变量进行回归分析。为避免单位不统一或数量级差异较大等的影响，对自变量进行 Z – score 标准化处理。第二阶段 SFA 回归分析结果见表 5 – 10。

表 5 – 10　　　　　　　　　　第二阶段 SFA 回归分析结果

公司	指标	人员规模松弛变量	固定资产净值松弛变量	当年经营费用松弛变量	注册资本松弛变量	累计提取准备金松弛变量
政策性融资担保公司	常数项	– 0.05* (– 0.36)	– 6082.58*** (– 6082.58)	– 17.86 (– 1.70)	– 3570.06*** (– 3570.06)	– 0.53* (– 0.25)
	地区生产总值	– 0.04 (– 0.61)	– 106.47*** (– 106.47)	– 8.32 (– 1.88)	– 2165.18*** (– 2165.18)	– 3.47 (– 1.22)
	融资担保制度政策的影响值	0.00 (– 0.02)	– 1399.59*** (– 1399.59)	5.13 (0.56)	– 249.17*** (– 249.17)	1.02* (0.46)
	σ^2	779.74** (450.41)	228703330.0 (228703330.0)	106995.99** (106995.73)	468025280.0 (468025280.0)	6422.69*** (6423.15)
	γ	1.00*** (34986394.0)	1.00*** (45.52)	1.00*** (1026.60)	1.00*** (62.34)	1.00*** (149800.10)
	LR 检验	0.11979445E	0.63656357E	0.82679652E	0.63656345E	0.11466494E

续表

公司	指标	人员规模松弛变量	固定资产净值松弛变量	当年经营费用松弛变量	注册资本松弛变量	累计提取准备金松弛变量
商业性融资担保公司	常数项	-3.24^* (-5.74)	-8503.48 (-19.31)	-108.16 (-1.80)	-4626.13 (-3.82)	-17.74^{**} (-17.14)
	地区生产总值	0.52^{**} (0.44)	2525.28 (7.12)	105.31 (1.84)	-1150.36 (-0.46)	10.82 (16.39)
	融资担保制度政策的影响值	1.48^{**} (1.69)	3501.96 (10.34)	-18.55 (-0.12)	1738.89 (0.78)	-9.42^{**} (-9.38)
	σ^2	454.82^{***} (454.88)	408398670.0^{***} (408398320.0)	94374.96^{***} (94374.11)	558694600.0^{***} (558675680.0)	8569.32^{***} (8569.43)
	γ	1.00^{***} (5608.47)	1.00^{***} (1821.36)	1.00^{***} (905.51)	1.00^{***} (102.75)	1.00^{***} (937327.06)
	LR 检验	0.32532380E	0.31885184E	0.13296702E	0.18356407E	0.25912060E

注：括号中的数为相应估计的值；$*$、$**$、$***$分别表示在10%、5%、1%的显著性水平上显著；σ^2表示所选取的影响因素对投入松弛变量产生影响的显著性；γ表示技术无效对随机误差项的影响程度；LR 检验反映了所选取得影响因素对效率值的影响，为便于比较，LR 检验值均采用科学计数。

由表 5 - 10 可知，从总体上看，各似然比 LR 都通过了 1% 的显著性检验，说明所选外部环境变量对效率值均有显著影响。σ^2 值均较大，除人员规模松弛变量的 σ^2 值仅通过 5% 的显著性检验外，剩余 σ^2 值均通过了 1% 的显著性检验。γ 值均趋近于 1，且都通过了 1% 的显著性检验，表明技术无效对投入指标的松弛变量有显著影响，即混合误差项基本由技术无效主导。两个外部环境因素对政策性融资担保公司的固定资产净值松弛变量和注册资本松弛变量的影响非常大，达到了 1% 的显著性水平，说明江苏各地区经济发展状况以及相关融资担保制度政策对政策性融资担保公司的固定资产投入和注册资本金投入有较强的影响力。两个外部环境变量（地区生产总值和融资担保制度政策）对商业性融资担保公司的人员规模也有较为显著的影响，显著性水平达到了 10%。此外，融资担保制度政策对政策性和商业性融资担保累计提取准备金的影响也较大，显著性水平分别达到了 10% 和 5%。两个外部环境变量对其余松弛变量的影响均未能通过 10% 的显著性检验。

综上所述，外部环境因素对江苏省融资担保公司为小微企业提供融资担保增信的效率产生了较为显著的影响。但相比于对商业性融资担保效率的影响，两个环境变量对政策性融资担保效率的影响更大。融资担保制度政策对两种模式融资担保效率的影响面更广，对固定资产净值、注册资本、累计提取准备金均产生了显著影响。因此，十分有必要在测度的过程中将各决策单元所面临的外部环境因素进行调整，从而真实测算出各融资担保公司的真实效率。

5.2.3　第三阶段 DEA 效率分析

经过第二阶段的 SFA 回归分析，将所有融资担保公司调整至相同的外部环境中。在第三阶段 DEA 中，采用调整后的投入数据和初始产出数据，使用 BC^2 模型，再次测算不同模式融资担保公司为小微企业提供融资担保的效率值，测算结果如表 5-11 所示。

表 5-11　　　不同模式融资担保公司第三阶段 DEA 效率值及规模效益

指标	所有融资担保公司	政策性融资担保公司	商业性融资担保公司
技术效率平均值	0.716	0.731	0.801
纯技术效率平均值	0.960	0.956	0.97
规模效率平均值	0.747	0.769	0.822
规模效益递增占比（%）	2.64	2.16	0
规模效益不变占比（%）	19.47	25.90	35.30
规模效益递减占比（%）	77.89	71.94	64.70

（1）在剔除了外部环境影响以及随机干扰之后，江苏小微企业融资担保效率依然不高，关键原因在于规模效率低下。表 5-11 中技术效率平均值代表了小微企业融资担保效率的综合水平。融资担保技术效率均值为 0.716，纯技

术效率均值为 0.960，规模效率均值为 0.747，效率损失高达 28 个百分点，可见江苏省融资担保公司为小微企业提供融资担保增信的效率依然不高。江苏小微企业融资担保的纯技术效率比规模效率更接近效率前沿面，规模效率对江苏小微企业融资担保效率提升的制约作用比较突出。

（2）剔除了外部环境的影响之后，江苏省不同模式融资担保公司为小微企业提供融资担保增信的效率值存在差异，商业性较高、政策性较低。这一现象与第一阶段 DEA 分析的结果趋势是一致的，但鉴于外部环境对小微企业融资担保效率的影响较为显著，使得不同模式间效率值的差异不明显。在剔除外部环境变量后，商业性融资担保公司的技术效率值为 0.801，高于政策性的技术效率值 0.731。

（3）江苏省内多数融资担保公司处于规模效益递减的状态，需要根据自身条件适当减小融资担保规模以达到规模效益不变。政策性和商业性融资担保公司规模效益递减的占比分别为 71.94% 和 64.70%，可见多数融资担保公司处于规模效益递减的状态。这一结论与第一阶段的分析中存在略微差异，主要原因在于政策性和商业性融资担保公司受到外部环境的影响较大，经过第二阶段影响因素剔除之后的结论更为科学合理。

5.2.4 不同模式融资担保公司担保的效率差异分析

前文分析了江苏省融资担保公司为小微企业提供融资担保的效率值以及外部环境的影响，下面将从投入产出的角度分析造成不同模式融资担保公司的效率出现差异以及制约其效率提升的深层原因。

1. 从小微企业融资担保投入角度

在第三阶段 DEA 分析中，得出了各家融资担保公司的投入松弛变量，即融资担保公司为小微企业提供融资担保增信过程中存在投入冗余的数量。经过对不同模式融资担保公司的划分，具体投入冗余和不足的数据汇总如表 5-12 所示。

表 5 – 12   不同模式融资担保投入冗余和不足汇总

投入冗余或不足		人力资源冗余	固定资产净值冗余	经营费用冗余	注册资本冗余	累计提取的准备金不足
政策性融资担保公司	均值	10.66 人	4410.46 万元	188.02 万元	9911.18 万元	—
	占比	64.03%	57.55%	69.78%	59.71%	63.31%
商业性融资担保公司	均值	9.96 人	7873.67 万元	171.17 万元	12698.59 万元	—
	占比	62.75%	58.82%	60.78%	50.98%	49.02%

注：由于 DEA 模型仅可算出投入冗余的数量，对于投入不足无法精确表达，因此这里未能展现累计提取准备金不足的均值。

由表 5 – 12 可知，在人力资源投入方面，64.03% 的政策性和 62.75% 的商业性融资担保公司存在人力资源冗余现象，平均冗余人数分别为 10.66 人和 9.96 人，表明这些融资担保公司未对其职工进行合理的管理，导致了人力资源的浪费。在固定资产净值、当年经营费用、注册资本的投入方面，超过 50% 的政策性和商业性融资担保公司存在冗余现象。商业性融资担保公司的注册资本冗余值为 12698.59 万元，说明其业务量较少，导致了注册资本的闲置与浪费。在提取准备金不足方面，63.31% 的政策性和 49.02% 的商业性融资担保公司存在提取准备金不足的现象。

2. 从小微企业融资担保产出角度

在第三阶段 DEA 分析中，可以得出各家融资担保公司为小微企业提供融资担保增信过程中存在产出不足的数量情况。具体产出不足的数据汇总如表 5 – 13 所示。

表 5 – 13   不同模式融资担保产出不足汇总

产出不足		经济效益产出不足			社会效益产出不足		
		净利润不足	累计担保金额不足	累计担保小微企业户数不足	受保小微企业销售额增加不足	受保小微企业利税增加不足	受保小微企业新增就业岗位不足
政策性融资担保	均值	46.67 万元	18922.25 万元	0.92 家	240.10 万元	89.86 万元	82.18 人
	占比	24.46%	41.73%	12.95%	44.60%	46.04%	38.13%

产出不足		经济效益产出不足			社会效益产出不足		
		净利润不足	累计担保金额不足	累计担保小微企业户数不足	受保小微企业销售额增加不足	受保小微企业利税增加不足	受保小微企业新增就业岗位不足
商业性融资担保	均值	24.54 万元	34727.28 万元	2.41 家	298.43 万元	92.92 万元	91.11 人
	占比	13.89%	15.69%	13.53%	49.01%	47.06%	47.06%

资料来源：根据相关调研数据计算得出。

由表 5 - 13 可知，从经济效益产出来看，政策性融资担保经济效益不足的占比高于商业性融资担保。24.46% 的政策性和 13.89% 的商业性融资担保公司存在净利润产出不足的现象，净利润产出不足的平均值分别为 46.67 万元和 24.54 万元。因此，相比于商业性融资担保公司，政策性融资担保公司的净利润产出严重不足。15.69% 的商业性融资担保公司存在累计担保金额不足，平均不足为 34727.28 万元，可见部分商业性融资担保公司存在经济效益严重低下的现象。

从社会效益产出来看，商业性融资担保公司所带来的社会效益低于政策性融资担保公司。由表 5 - 13 可知，在政府的支持下，政策性融资担保公司所带来的社会效益并不可观，超过 1/3 的政策性融资担保公司存在社会效益产出不足的现象。

5.3　本章小结

为了更有效地评价融资担保服务质量，本章首先对小微企业融资担保服务质量评价的各维度进行了权重设置，在此基础上，本章对三种类型的小微企业融资担保服务质量进行了总体评价，研究结果表明互助性融资担保服务质量最高，其次为政策性融资担保，最后为商业性融资担保。此外，为了更深入地了解融资担保服务质量的现状，本章还分析了"同类型、异维度"和"同维度、异类型"的小微企业融资担保服务之间的差异，为相关策略的提出奠定基础。同时，小微企业的融资担保服务质量的提高仅仅依靠融资担保公司内部的自我修正是不够的，融资担保的过程涉及多方主体，各主体对融资担保服务质量都会存在直接或间接影响，因此外部各主体对融资担保服务质量的提升会产生何种影响是需进一步研究的问题。

　　本章选取三阶段 DEA 模型作为小微企业融资担保效率测度方法，并构建了测度指标体系，系统归纳并分析了江苏不同模式融资担保公司支持小微企业担保的效率现状，可以发现江苏融资担保公司支持小微企业融资的综合效率有待提升，主要原因在于规模效率低下，其中商业性融资公司的担保效率高于政策性融资担保公司。

第6章 小微企业融资担保服务质量影响因素分析

小微企业作为融资担保服务的接受主体，对融资担保服务质量的感知最为明显。通过对小微企业进行调研，对融资担保服务质量进行评价，了解融资担保服务的现状，发现融资担保服务质量有待提高。但融资担保服务质量的提升除了依靠融资担保公司自身改进外，还依赖于参与融资担保的各个主体，因此本章将综合考虑外部主体行为对融资担保公司服务质量提升的影响。

6.1 博弈主体选择及作用机理

小微企业融资担保参与主体主要包括小微企业、融资担保公司、银行等金融机构和政府监管部门，各主体之间的关系见图6-1。

如图6-1所示，在融资担保参与主体中，融资担保公司与小微企业是服务的提供方和接收方，不同服务质量的融资担保服务给小微企业带来的收益和感知不同，会造成企业群体对不同服务质量的融资担保服务的选择，进而影响融资担保对服务质量的选择。因此小微企业对不同质量的融资担保服务的选择对融资担保公司提高其服务质量的动机是存在影响的。

由于小微企业倾向于选择更高质量的融资担保服务，因此部分低质量的融资担保服务为了贯彻政策基本要求和维持自身发展，可能会选择提升服务质量，故融资担保行业内部的竞争对个体选择提升服务质量也存在影响。

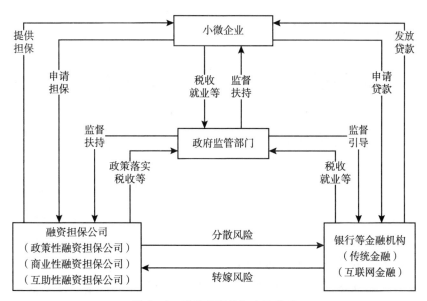

图 6 - 1　融资担保参与主体关系

资料来源：根据各个参与主体运行情况制作。

　　政府监管部门对融资担保公司的影响主要体现在对融资担保公司的监督以及财政扶持（补偿代偿损失等）。除了对融资担保公司的日常监督，政府监管部门还会委托评级机构对融资担保公司进行评级，以实行更有效的监督，评级结果对融资担保公司能否继续进行担保业务存在影响，因此政府监管部门的监管行为对融资担保公司的服务选择行为也存在影响。

　　但银行等金融机构对小微企业融资担保服务的关注点则聚焦于其担保实力和风险分担，服务质量不是银行选择融资担保服务的关键，故银行对小微企业融资担保服务质量提升的影响有限。

　　因篇幅有限，且研究关注点集中于融资担保服务质量，为方便研究与分析，所以本章将三种融资担保服务（政策性、商业性和互助性）作为一个融资担保整体展开研究。此外，由于融资担保行业信息披露不完善，且对政府以及行业内其他融资担保公司进行体验调查较为困难，故本章将小微企业、政府和同行业融资担保公司等相关主体纳入理论研究，构建了相关的博弈模型，以求了解企业选择、政府监管和行业竞争等三种外部主体行为分别对提升融资担保服务质量的影响。

6.2 企业选择对小微企业融资担保服务质量的影响

6.2.1 博弈模型构建

小微企业作为融资担保服务的购买者，虽然其处于相对弱势的地位，但在其决定是否接受某家融资担保服务时，仍会进行不断地比较和选择。融资担保服务质量的高低是小微企业的关注点，若小微企业对某家融资担保公司提供的服务不满意，可能会选择不接受该服务，转而寻找相对高质量的融资担保服务。因此将质量的高低作为划分融资担保群体的依据。将小微企业在购买融资担保服务的过程抽象为一个博弈模型，在该模型中，提出以下几个假设。

（1）模型只有两个参与者，即小微企业和融资担保公司；双方皆为有限理性的经济人，博弈双方始终都是以实现自身利益最大化为唯一目标；

（2）在选择策略时，参与者了解他人策略，且不对其他参与者产生影响；

（3）市场有关信息是完全的，即交易双方了解对方的策略和支付函数；

（4）融资担保公司的策略选择为｛提供高质量服务、提供低质量服务｝，小微企业的策略选择为｛接受服务、不接受服务｝，其中小微企业不接受服务的含义为企业可寻求其他融资担保服务。融资担保公司提供高质量和低质量服务的概率分别为 x 和 $1-x$，小微企业接受服务和不接受服务的概率分别为 y 和 $1-y$。

假设融资担保公司提供高质量服务的收入为 R_1，成本为 C_1，为小微企业提供服务带来的声誉效应收益为 R_3；提供低质量服务收入为 R_2，成本为 C_2；低服务质量融资担保公司挽回企业及名誉的成本为 C_3；低质量服务被识别的概率为 α，不被识别的概率为 $1-\alpha$。小微企业接受高质量服务的收益为 T_1（$T_1 > R_1$），不接受高质量担保服务导致的损失为 N（$N>0$），接受低质量服务的收益为 T_2，心理损失为 M。

以上假设可得出融资担保公司和小微企业间的收益支付矩阵，如表 6 - 1 所示。

表 6 - 1　　　　　　融资担保公司、小微企业收益支付矩阵

融资担保公司	小微企业	
	接受服务	不接受服务
高质量	$R_1 - C_1 + R_3$，$T_1 - R_1$	$\alpha(-C_2 - C_3) + (1-\alpha)(R_2 - C_2 - C_3)$，$T_2 - R_2 - M$
低质量	$-C_1$，$-N$	$-C_2 - C_3$，0

6.2.2　博弈模型求解

设 U_{11} 为融资担保公司采取"提供高质量服务"策略时的期望收益，U_{12} 为融资担保公司采取"提供低质量服务"策略时的期望收益，U_1 为融资担保公司的平均期望收益，则：

$$U_{11} = y(R_1 - C_1 + R_3) + (1 - y)(-C_1) \qquad (6-1)$$

$$U_{12} = y[\alpha(-C_2 - C_3) + (1-\alpha)(R_2 - C_2 - C_3)] + (1-y)(-C_2 - C_3)$$
$$(6-2)$$

$$U_1 = xU_{11} + (1-x)U_{12}$$
$$= xy(R_1 + R_3) - xC_1 - (1-x)(C_2 + C_3) + (1-x)y(1-\alpha)R_2$$
$$(6-3)$$

设 U_{21} 为小微企业采取"接受服务"策略时的期望收益，U_{22} 为小微企业采取"不接受服务"策略时的期望收益，U_2 为小微企业的平均期望收益，则：

$$U_{21} = x(T_1 - R_1) + (1-x)(T_2 - R_2 - M) \qquad (6-4)$$

$$U_{22} = -xN \qquad (6-5)$$

$$U_2 = yU_{21} + (1-y)U_{22}$$
$$(6-6)$$
$$= xy(T_1 - R_1) + (1-x)y(T_2 - R_2 - M) + x(1-y)(-N)$$

基于此，融资担保公司及小微企业的复制动态方程为：

$$\begin{cases} F(x) = \dfrac{\partial x}{\partial t} = x(U_{11} - U_1) = x(1-x)\big[y(R_1 + R_3) - C_1 + C_2 + C_3 - y(1-\alpha)R_2\big] \\ F(y) = \dfrac{\partial y}{\partial t} = y(U_{21} - U_2) = y(1-y)\big[x(T_1 - R_1 + N) + (1-x)(T_2 - R_2 - M)\big] \end{cases}$$

$$(6-7)$$

为求解博弈的均衡点，令：

$$\begin{cases} F(x) = x(1-x)\big[y(R_1 + R_3) - C_1 + C_2 + C_3 - y(1-\alpha)R_2\big] = 0 \\ F(y) = y(1-y)\big[x(T_1 - R_1 + N) + (1-x)(T_2 - R_2 - M)\big] = 0 \end{cases} \quad (6-8)$$

上述的解构成了博弈的边界$\{(x, y) \mid x = 0, 1; y = 0, 1\}$，除此之外，还存在满足下述条件的均衡解：

$$\begin{cases} y(R_1 + R_3) - C_1 + C_2 + C_3 - y(1-\alpha)R_2 = 0 \\ x(T_1 - R_1 + N) + (1-x)(T_2 - R_2 - M) = 0 \end{cases} \quad (6-9)$$

求解得：

$$\begin{cases} x^* = \dfrac{R_2 - T_2 + M}{T_1 - R_1 + N - T_2 + R_2 + M} \\ y^* = \dfrac{C_1 - C_2 - C_3}{R_1 + R_3 - (1-\alpha)R_2} \end{cases} \quad (6-10)$$

为了使博弈双方的收益更接近现实，增加了如下约束条件。

约束条件一：$R_1 + R_3 \geq R_2$，融资担保公司提供高质量服务的收入大于等于提供低质量服务的收入，否则融资担保公司提供高质量服务就失去了意义。

约束条件二：$T_1 - R_1 \geq T_2 - R_2 - M$，小微企业接受高质量的融资担保服务时的收益大于等于接受低质量融资担保服务时的收益，即选择高质量的融资担保服务是有价值的。

对每个复制动态方程进行求导，即有：

$$\begin{cases} F'(x) = (1-2x)\big[y(R_1 + R_3) - C_1 + C_2 + C_3 - y(1-\alpha)R_2\big] \\ F'(y) = (1-2y)\big[x(T_1 - R_1 + N) + (1-x)(T_2 - R_2 - M)\big] \end{cases} \quad (6-11)$$

由复制动态微分方程的稳定性定理及稳定策略可知，当$F'(x) < 0$，$F'(y) <$

0 时，$F(x) = 0$ 及 $F(y) = 0$ 的解为稳定策略。

6.2.3　模型稳定性分析

1. 融资担保公司的渐进稳定性分析

令 $F(x) = \dfrac{\partial x}{\partial t} = 0$，可得解为：$x^* = 0$，$x^* = 1$，$y^* = \dfrac{C_1 - C_2 - C_3}{R_1 + R_3 - (1 - \alpha) R_2}$。

当 $y = \dfrac{C_1 - C_2 - C_3}{R_1 + R_3 - (1 - \alpha) R_2}$ 时，$F(x) = 0$ 恒成立，表明融资担保公司对服务质量的策略选择不会随时间的推移而变化，整体水平处于稳定状态。

当 $C_1 - C_2 - C_3 < 0$ 时，$y > \dfrac{C_1 - C_2 - C_3}{R_1 + R_3 - (1 - \alpha) R_2}$ 恒成立，此时 $\dfrac{\partial F(x)}{\partial (x)} \bigg|_{x=0} >$ 0，$\dfrac{\partial F(x)}{\partial (x)} \bigg|_{x=1} < 0$，即 $x = 1$ 为平衡点，表明融资担保公司采取提供高质量服务是稳定状态，因为此时融资担保公司提供高质量服务的成本低于其提供质量服务时的成本。

当上述两个条件均无法满足时，存在两种情况：当 $C_1 - C_2 - C_3 > 0$ 且 $y > \dfrac{C_1 - C_2 - C_3}{R_1 + R_3 - (1 - \alpha) R_2}$ 时，仍然存在 $\dfrac{\partial F(x)}{\partial (x)} \bigg|_{x=0} > 0$，$\dfrac{\partial F(x)}{\partial (x)} \bigg|_{x=1} < 0$，即 $x = 1$ 仍为平衡点，表明融资担保公司倾向选择提高质量的融资担保服务，此时融资担保公司提供高质量服务的效用大于其提供质量服务时的效用；当 $y < \dfrac{C_1 - C_2 - C_3}{R_1 + R_3 - (1 - \alpha) R_2}$ 时，$\dfrac{\partial F(x)}{\partial (x)} \bigg|_{x=0} < 0$，$\dfrac{\partial F(x)}{\partial (x)} \bigg|_{x=1} > 0$，即 $x = 0$ 为平衡点，表明融资担保公司采取提供低质量服务是稳定状态，融资担保公司提供高质量服务的收益小于低质量服务带来的收益，为规避风险，此时融资担保公司倾向于选择提供低质量的融资担保服务。

融资担保公司群体策略的动态趋势及其稳定性如图 6 - 2 所示。

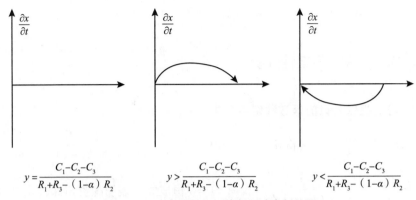

图 6－2　融资担保公司的复制动态相位图

2. 小微企业渐进稳定性分析

令 $F(y) = \dfrac{\partial y}{\partial t} = 0$，可得解为：$y^* = 0$，$y^* = 1$，$x^* = \dfrac{R_2 - T_2 + M}{T_1 - R_1 + N - T_2 + R_2 + M} = \dfrac{1}{1 - \dfrac{T_1 - R_1 + N}{T_2 - R_2 - M}}$。

当 $x = \dfrac{R_2 - T_2 + M}{T_1 - R_1 + N - T_2 + R_2 + M}$ 时，$F(y) = 0$ 恒成立，表明小微企业的策略选择不会随时间的推移发生变化，即小微企业选择高质量融资担保服务或者低质量融资担保服务没有区别。

当 $1 - \dfrac{T_1 - R_1 + N}{T_2 - R_2 - M} < 0$ 时，$x > \dfrac{R_2 - T_2 + M}{T_1 - R_1 + N - T_2 + R_2 + M}$ 恒成立，此时 $\dfrac{\partial F(y)}{\partial(y)}\Big|_{y=0} > 0$，$\dfrac{\partial F(y)}{\partial(y)}\Big|_{y=1} < 0$，即 $y = 1$ 为平衡点，表明小微企业倾向于选择接受融资担保服务，此时小微企业的收益是大于其不接受融资担保服务时的收益，且小微企业倾向于选择高质量的融资担保服务。

当上述两个条件均无法满足时，存在两种情况：当 $1 - \dfrac{T_1 - R_1 + N}{T_2 - R_2 - M} > 0$ 且 $x > \dfrac{R_2 - T_2 + M}{T_1 - R_1 + N - T_2 + R_2 + M}$ 时，$\dfrac{\partial F(y)}{\partial(y)}\Big|_{y=0} > 0$，$\dfrac{\partial F(y)}{\partial(y)}\Big|_{y=1} < 0$ 仍然存在，即 $y = 1$ 仍为平衡点，表明小微企业仍倾向于接受融资担保服务，但此时部分小

微企业可能会选择低质量的融资担保服务；当 $x < \dfrac{R_2 - T_2 + M}{T_1 - R_1 + N - T_2 + R_2 + M}$ 时，

$\left.\dfrac{\partial F(y)}{\partial(y)}\right|_{y=0} < 0$，$\left.\dfrac{\partial F(y)}{\partial(y)}\right|_{y=1} > 0$，即 $y = 0$ 为平衡点，即此时小微企业不选择融资担保服务的收益高于选择融资担保服务的收益，因此小微企业会采取不选择融资担保服务的策略。

小微企业群体策略的动态趋势及其稳定性如图 6 - 3 所示。

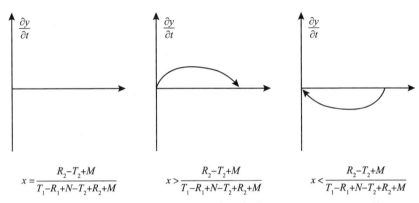

图 6 - 3　小微企业的复制动态相位图

3. 融资担保公司及小微企业群体复制动态及其稳定性

结合上述分析，这里将博弈双方的复制动态关系以一个二维的平面坐标进行表示，见图 6 - 4。

如图 6 - 4 所示，O 点及 B 点为稳定策略，O 点表示融资担保公司提供低质量的融资担保服务，小微企业拒绝接受服务。B 点表示融资担保公司提供高质量的融资担保服务，小微企业选择接受该服务。在图的右上部分，系统会收敛于 B（1，1），该点为帕累托最优均衡点；相应地，左下部分收敛于 O（0，0），即帕累托劣均衡点。但图中的其他区域，双方行为的收敛方向不确定，讨论如下：

D 点落在右上方区域才能使系统向最优均衡点移动，此时要求 $x > \dfrac{R_2 - T_2 + M}{T_1 - R_1 + N - T_2 + R_2 + M}$，$y > \dfrac{C_1 - C_2 - C_3}{R_1 + R_3 - (1-\alpha)R_2}$。

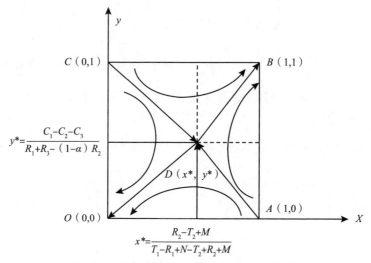

图 6 - 4 博弈双方群体复制动态及其稳定性示意图

当 $x^* = \dfrac{R_2 - T_2 + M}{T_1 - R_1 + N - T_2 + R_2 + M} = \dfrac{1}{1 - \dfrac{T_1 - R_1 + N}{T_2 - R_2 - M}}$ 时，小微企业的实际收益

与 x 呈正向关系。因此融资担保公司可选择提供较高质量的融资担保基础服务和额外服务，使得小微企业接受融资担保的实际收益高于不接受融资担保的收益，增加潜在收益，减少心理亏损，可使得 $x > x^*$，从而引导小微企业向接受高质量的融资担保服务方向移动。

当 $y^* = \dfrac{C_1 - C_2 - C_3}{R_1 + R_3 - (1 - \alpha) R_2}$，融资担保公司的高质量收益、低质量服务的成本与 y 呈正相关，低质量服务的收益、高质量服务的成本以及被识别的概率与 y 呈负相关。因此融资担保公司应当采取更高效的作业流程，减少不必要的成本损失，同时提供与价格相匹配的服务以增加融资担保公司的收入，使得 $y > y^*$，从而引导融资担保公司向提供高质量的融资担保服务方向移动。

综合融资担保公司和小微企业的策略选择，当双方行为概率存在于图 6 - 4 的右上方区域时，则会收敛于帕累托最优均衡 $B(1，1)$。

研究结果表明，融资担保公司提供不同服务的收益和成本直接影响了融资担保公司的策略选择，小微企业在接受不同质量的融资担保服务的实际收益则关系着企业对不同质量的融资担保服务的选择。此外，低质量融资担保服务被识别的概率也会促使融资担保公司放弃提供低质量服务的策略，因此有效辨别和反映低质量融资担保服务成为关键。

6.3　政府监管对小微企业融资担保服务质量的影响

6.3.1　博弈模型构建

政府会在参考融资担保公司的公司治理、业务开展、经营业绩及风险防范等指标的基础上，对融资担保公司的服务能力进行评级，以供企业甄选合适的融资担保服务。虽然政府的监管力度与融资担保的类别有关，但融资担保服务质量也是政府的主要关注点，考虑模型构建及分析的可行性，将融资担保服务划分为高质量群体和低质量群体，对类别暂不多做分类。融资担保公司与政府监管部门之间的策略交往过程，也是二者博弈的过程。在该博弈中，主要有两个参与主体，分别为融资担保公司和政府部门。在每次博弈中，融资担保公司的策略选择为 ｛提供高质量服务，提供低质量服务｝，概率分别为 p 和 $1-p$。政府监管部门可以选择进行高强度监管（概率为 q）或低强度监管（概率为 $1-q$），其策略选择为 ｛强监管，弱监管｝。

假设融资担保公司提供高质量服务的收入为 R_1，成本为 C_1，提供低质量服务收入为 R_2，成本为 C_2。政府的强监管成本 G_1，融资担保公司采取低质量策略时，政府的纠正成本 G_2，政府的罚金收入 O，由于监管不到位导致融资担保公司低质量服务给融资市场带来的不良影响造成的损失为 S。政府部门采取强监管措施时，低质量的融资担保公司则会被责令改正，此时成本为 C_1。

以上假设可得出融资担保公司和政府监管部门间的收益支付矩阵，如表 6-2 所示。

表 6 – 2 融资担保公司、政府监管部门收益支付矩阵

融资担保公司	政府监管部门	
	强监管	弱监管
高质量	$R_1 - C_1$, $-G_1$	$R_2 - C_1 - O$, $-G_1 - G_2 + O$
低质量	$R_1 - C_1$, 0	$R_2 - C_2$, $-S$

6.3.2 博弈模型求解

设 E_{11} 为融资担保公司采取"提供高质量服务"策略时的期望收益，E_{12} 为融资担保公司采取"提供低质量服务"策略时的期望收益，E_1 为融资担保公司的平均期望收益，则：

$$E_{11} = q(R_1 - C_1) + (1-q)(R_1 - C_1) \qquad (6-12)$$

$$E_{12} = q(R_2 - C_1 - O) + (1-q)(R_2 - C_2) \qquad (6-13)$$

$$
\begin{aligned}
E_1 &= pE_{11} + (1-p)E_{12} \\
&= p(R_1 - C_1) + (1-p)q(R_2 - C_1 - O) + (1-p)(1-q)(R_2 - C_2)
\end{aligned}
$$
$$(6-14)$$

设 E_{21} 为政府部门采取"强监管"策略时的期望收益，E_{22} 为政府部门采取"弱监管"策略时的期望收益，E_2 为政府部门的平均期望收益，则：

$$E_{21} = -pG_1 + (1-p)(-G_1 - G_2 + O) \qquad (6-15)$$

$$E_{22} = -(1-p)S \qquad (6-16)$$

$$
\begin{aligned}
E_2 &= qE_{21} + (1-q)E_{22} \\
&= -pqG_1 + (1-p)q(-G_1 - G_2 + O) - (1-p)(1-q)S
\end{aligned}
$$
$$(6-17)$$

基于此，融资担保公司及政府监管部门的复制动态方程为：

$$
\begin{cases}
F(p) = \dfrac{\partial p}{\partial t} = p(E_{11} - E_1) = p(1-p)\left[R_1 - C_1 - q(R_2 - C_1 - O) - (1-q)(R_2 - C_2)\right] \\
F(q) = \dfrac{\partial q}{\partial t} = q(E_{21} - E_2) = q(1-q)\left[-pG_1 + (1-p)(-G_1 - G_2 + O) + (1-p)S\right]
\end{cases}
$$
$$(6-18)$$

为求解博弈的均衡点，令：

$$\begin{cases} F(p) = p(1-p)\left[R_1 - C_1 - q(R_2 - C_1 - O) - (1-q)(R_2 - C_2)\right] = 0 \\ F(q) = q(1-q)\left[-pG_1 + (1-p)(-G_1 - G_2 + O) + (1-p)S\right] = 0 \end{cases}$$

$$(6-19)$$

上述的解构成了博弈的边界 $\{(p, q) \mid p = 0, 1; q = 0, 1\}$，除此之外，还存在满足下述条件的均衡解：

$$\begin{cases} R_1 - C_1 - q(R_2 - C_1 - O) - (1-q)(R_2 - C_2) = 0 \\ -pG_1 + (1-p)(-G_1 - G_2 + O) + (1-p)S = 0 \end{cases} \quad (6-20)$$

求解得：

$$\begin{cases} p^* = \dfrac{G_1 + G_2 - O - S}{G_2 - O - S} \\ q^* = \dfrac{R_2 - R_1 + C_1 - C_2}{C_1 - C_2 + O} \end{cases} \quad (6-21)$$

对每个复制动态方程进行求导，有：

$$\begin{cases} F'(p) = (1-2p)\left[R_1 - C_1 - q(R_2 - C_1 - O) - (1-q)(R_2 - C_2)\right] \\ F'(q) = (1-2q)\left[-pG_1 + (1-p)(-G_1 - G_2 + O) + (1-p)S\right] \end{cases}$$

$$(6-22)$$

由复制动态微分方程的稳定性定理及稳定策略可知，当 $F'(p) < 0$，$F'(q) < 0$ 时，$F(p) = 0$ 及 $F(q) = 0$ 的解为稳定策略。

6.3.3 模型稳定性分析

1. 融资担保公司的渐进稳定性分析

令 $F(p) = \dfrac{\partial p}{\partial t} = 0$，可得解为：$p^* = 0$，$p^* = 1$，$q^* = \dfrac{R_2 - R_1 + C_1 - C_2}{C_1 - C_2 + O}$。

当 $q = \dfrac{R_2 - R_1 + C_1 - C_2}{C_1 - C_2 + O}$ 时，$F(p) = 0$ 恒成立，表明融资担保公司的策略选择不会随时间的推移而变化，整体水平处于稳定状态。

当 $q > \dfrac{R_2 - R_1 + C_1 - C_2}{C_1 - C_2 + O}$，此时 $\dfrac{\partial F(p)}{\partial(p)}\Big|_{p=0} > 0$，$\dfrac{\partial F(p)}{\partial(p)}\Big|_{p=1} < 0$，即 $p = 1$ 为

平衡点，表明融资担保公司采取提供高质量服务是稳定状态，即当政府补贴达到一定程度，可弥补融资担保公司的成本差时，融资担保公司会选择提供高质量的服务。

当 $q < \dfrac{R_2 - R_1 + C_1 - C_2}{C_1 - C_2 + O}$ 时，$\left.\dfrac{\partial F(p)}{\partial(p)}\right|_{p=0} < 0$，$\left.\dfrac{\partial F(p)}{\partial(p)}\right|_{p=1} > 0$，即 $p = 0$ 为平衡点，表明融资担保公司采取提供低质量服务是稳定状态，政府的扶持补贴无法弥补融资担保公司提供高质量服务时的成本，故而融资担保公司会选择提供低质量的融资担保服务。

融资担保公司群体策略的动态趋势及其稳定性如图 6 - 5 所示。

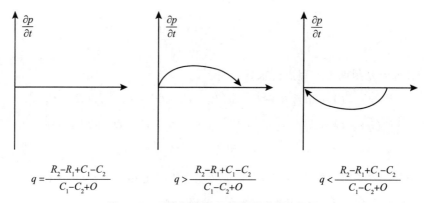

$$q = \frac{R_2 - R_1 + C_1 - C_2}{C_1 - C_2 + O} \qquad q > \frac{R_2 - R_1 + C_1 - C_2}{C_1 - C_2 + O} \qquad q < \frac{R_2 - R_1 + C_1 - C_2}{C_1 - C_2 + O}$$

图 6 - 5　融资担保公司的复制动态相位图

2. 政府监管部门渐进稳定性分析

令 $F(q) = \dfrac{\partial q}{\partial t} = 0$，可得解为：$q^* = 0$，$q^* = 1$，$p^* = \dfrac{G_1 + G_2 - O - S}{G_2 - O - S}$。

当 $p = \dfrac{G_1 + G_2 - O - S}{G_2 - O - S}$ 时，$F(q) = 0$ 恒成立，表明政府监管部门的策略选择不会随时间的推移发生变化，即对于政府监管部门而言，监管强度的高低带来的收益没有区别。

当 $p > \dfrac{G_1 + G_2 - O - S}{G_2 - O - S}$ 恒成立，此时 $\left.\dfrac{\partial F(q)}{\partial(q)}\right|_{q=0} > 0$，$\left.\dfrac{\partial F(q)}{\partial(q)}\right|_{q=1} < 0$，即 $q = 1$ 为平衡点，表明当政府的罚金收入足以弥补其监管成本时，政府监管部门倾

向于选择强监管策略。

当 $p < \dfrac{G_1 + G_2 - O - S}{G_2 - O - S}$，此时 $\left.\dfrac{\partial F(q)}{\partial (q)}\right|_{q=0} < 0$，$\left.\dfrac{\partial F(q)}{\partial (q)}\right|_{q=1} > 0$，即 $q = 0$ 为平

衡点，此时融资担保公司提供质量服务造成的声誉损失逐渐减小时，政府监管

部门倾向于选择弱监管。

政府监管部门群体策略的动态趋势及其稳定性如图 6 - 6 所示。

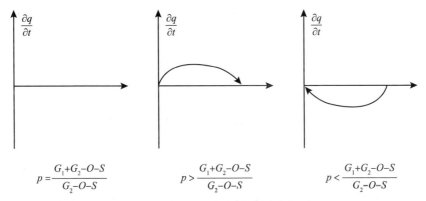

图 6 - 6　政府监管部门的复制动态相位图

3. 融资担保公司及政府监管部门群体复制动态及其稳定性

结合上述分析，将博弈双方的复制动态关系以一个二维的平面坐标进行表

示，如图 6 - 7 所示。

如图 6 - 7 所示，$B(1，1)$ 点为帕累托最优均衡点，$O(0，0)$ 点为帕累托劣

均衡点。其他区域的收敛方向讨论如下：

D 点落在右上方区域才能使系统向最优均衡点移动，此时要求 $p >$

$\dfrac{G_1 + G_2 - O - S}{G_2 - O - S}$，$q > \dfrac{R_2 - R_1 + C_1 - C_2}{C_1 - C_2 + O}$。

当 $p^* = \dfrac{G_1 + G_2 - O - S}{G_2 - O - S} = 1 - \dfrac{G_1}{O + S - G_2}$ 时，政府监管部门罚金收入、社会

影响与 p 呈正向关系，政府的监管成本与 p 负相关。因此企业、同行业以及社

会第三方监管机构需积极相互监管，并将监管信息透明化，使得 $p > p^*$，从而

引导政府监管部门向强监管策略移动。

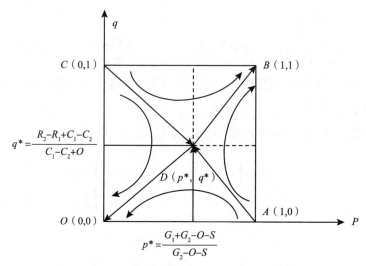

图 6 - 7　博弈双方群体复制动态及其稳定性

当 $q^* = \dfrac{R_2 - R_1 + C_1 - C_2}{C_1 - C_2 + O}$，融资担保公司的提供高质量服务的成本、政府的罚金与 q 负相关，提供低质量服务的成本与 q 正相关。因此政府应当增加对低质量融资担保公司的罚金收入，并扶持高质量融资担保公司的发展，减少其成本，使得 $q > q^*$，从而引导融资担保公司向提供高质量的融资担保服务方向移动。

综合融资担保公司和政府监管部门的策略选择，当双方行为概率存在于图 6 - 7 的右上方区域时，则自动收敛于帕累托最优均衡 $B(1, 1)$。

研究结果表明融资担保公司提供服务的成本，包括直接成本和政府的惩罚成本影响着融资担保公司的行为决策，而政府的罚金收入和社会影响则会影响政府采取监管的力度，因此保证政府采取有力的监管措施成为关键点。

6.4　行业竞争对小微企业融资担保服务质量的影响

6.4.1　博弈模型构建

融资担保群体内存在不同类别的融资担保公司，同一类别内及不同类别之间均存在一定程度的竞争，考虑模型构建和分析的可行性，暂不考虑构建不同类别融资担保公司参与的博弈模型，而是将关注点集中于服务质量，以服务质量的高低进行群体划分。

故融资担保公司的策略选择可为｛提供高质量服务，提供低质量服务｝，融资担保公司提供高质量服务的成本高于低质量服务的成本，但提供低质量服务的融资担保公司会流失部分小微企业，这部分小微企业则会寻找高质量服务的融资担保公司。同时，声誉效应的作用会增加现有小微企业寻求服务的次数，也会吸引更多的小微企业。

假设融资担保公司提供低质量服务的支付为 I；策略优化系数为 k，则融资担保公司提供高质量服务的支付为 kI；小微企业的流失系数为 r。以上假设可得出两种类型的融资担保公司的收益支付矩阵，如表 6 - 3 所示。

表 6 - 3　　　　　　　　　融资担保公司群体收益支付矩阵

融资担保公司 1	融资担保公司 2	
	高质量（e）	低质量（$1-e$）
高质量（e）	kI, kI	$(k+r)I$, $(1-r)I$
低质量（$1-e$）	$(1-r)I$, $(k+r)I$,	I, I

6.4.2　博弈模型求解及稳定性分析

设 H_{11} 为融资担保公司采取"提供高质量服务"策略时的期望收益，H_{12} 为融资担保公司采取"提供低质量服务"策略时的期望收益，H_1 为融资担保公司群体的平均期望收益，则：

$$H_{11} = ekI + (1-e)(k+r)I \qquad (6-23)$$

$$H_{12} = e(1-r)I + (1-e)I \qquad (6-24)$$

$$H_1 = eH_{11} + (1-e)H_{12} \qquad (6-25)$$

令 $V = kI$，$W = (k+r)I$，$Z = (1-r)I$

则复制动态方程为 $F(e) = \dfrac{de}{dt} = e(H_{11} - H_1) = e(1-e)\big[e(V-Z) + (1-e)$

$(W-I)$]。

由于 $V-Z-W+I=0$，因此

$$F(e)=e(1-e)(W-I)$$

$$其中\ W-I=(k+r-1)I \tag{6-26}$$

当 $F(e)=0$ 时，可得博弈稳定状态为：$e^*=0$，$e^*=1$。

对复制动态方程求导，可得：

$$F'(e)=(1-2e)(W-I) \tag{6-27}$$

当 $e=0$ 时，$F(0)=0$，$F'(0)=W-I=(k+r-1)I$。

当 $e=1$ 时，$F(1)=0$，$F'(1)=-(W-I)=-(k+r-1)I$。

由于 r 为客户流失系数，故 $0<r<1$，博弈关注点就集中于系数 $k+r$ 与 1 的大小关系，讨论如下：

当 $k+r=1$ 时，$F(e)=0$ 恒成立，即群体内融资担保公司都会保持现有服务水平，不会变化。

当 $k+r>1$ 时，$F'(0)>0$，$F'(1)<0$，即 $e=1$ 为进化稳定策略点，融资担保公司群体会选择提供高质量的融资担保服务。$k+r>1$ 时，表明服务质量高的融资担保公司会获得更高的收益，此时低质量的融资担保公司选择提升自身的融资担保服务质量是有价值的。

当 $k+r<1$ 时，$F'(0)<0$，$F'(1)>0$，即 $e=0$ 为进化稳定策略点，融资担保公司群体向提供较低质量的服务方向移动。此时，融资担保公司进行服务质量优化带来的收益无法弥补优化服务质量的成本，因此选择提供低质量的融资担保服务是最优选择。

融资担保群体博弈复制动态相位图如图 6-8 所示。

由此可见，当提升融资担保服务质量可以带来较为可观的收益时，融资担保群体会向提升服务质量的方向移动，但这取决于两个指标，分别为策略优化系数 k 和企业流失系数 r，但 k 的取值范围决定了融资担保群体是否可以稳固处于提供高质量的融资担保服务的状态。当 $0<k<1$，且 $k+r>1$ 时，低质量的融资担保公司会向高质量的融资担保公司转移，但当融资担保群体均处于提供高质量服务状态时，融资担保公司的收益为 kI，低于原先的水平，则会有部分融资担保公司放弃现有的高质量服务，转而提供低质量的融资担保服务，此

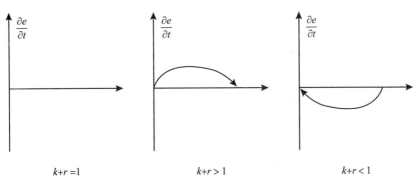

图 6 - 8　融资担保群体博弈复制动态相位图

时融资担保公司群体内会再次进行循环博弈,无法将系统稳定于提供高质量的服务。当 $k > 1$ 时,融资担保群体整体达到提供高质量服务的状态后,收益高于低质量服务的收益,此时才能真正提升融资担保服务质量。在此基础上,系统可以进行高一阶的博弈,也可进一步提升融资担保的服务质量,真正发挥融资担保服务小微企业的作用。

6.5　本章小结

要提升小微企业融资担保服务质量是一项需要多方助力的工程,包括小微企业、政府以及行业内的其他融资担保公司,因此企业选择、政府监管以及行业竞争都可以引导或约束融资担保公司提供高质量的融资担保服务。基于此,本章构建了"担保—企业""担保—政府"和担保群体内的博弈模型,分析不同主体在提升融资担保服务质量中的作用,进而在实现利益均衡的基础上提升融资担保服务的质量。

第7章 小微企业融资担保服务有效性影响因素实证分析

本章首先提出假设，就已开发量表实施预调研，确定最终量表并正式调研。采用 SPSS、AMOS 软件对采集的数据进行描述性统计分析、信度和效度分析以及结构方程全模型检验，探究了担保公司财务实力和业务能力、小微企业资信水平和经营状况、银行合作态度对小微企业融资担保有效性等的具体作用机制。

7.1 小微企业融资担保多主体合作关系及假设提出

7.1.1 小微企业融资担保多主体合作关系

小微企业融资担保实践涉及小微企业、融资担保公司、商业银行、政府等多方主体，各主体围绕信贷资源各司其职却又相互依存，共同形成小微企业融资担保多主体合作关系。

作为资金需求方，小微企业规模小、实力弱，难以在资本市场直接融资，更多依赖银行贷款。但信息优势下的利益驱使和经营失败使其存在违约可能。作为资金供给方，商业银行是小微企业融资的中坚力量，但为实现利润最大化对其采取"信贷配给"。作为融资媒介，融资担保公司是"准公共品"载体，具有信号传递、风险分散功能，为企业增信的同时分担银行风险。然而担保业务存在"盈利悖论"，低担保费率、高风险分担比、投资受限等削弱了盈利能力。作为政策制定方，政府通过资金扶持、税收优惠、行业监管等方式对各主体施加着积极导向性的影响。但各级政府的财力限制、融资担保发展的区域性差异及政策性引导与市场化运作的矛盾，影响着扶持效果。综上，小微企业融资担保有效性主要受融资担保公司、小微企业、银行、政府各自决策和彼此合作关系的影响。

7.1.2　小微企业融资担保有效性影响因素的研究假设

小微企业融资担保实践主要涉及小微企业、融资担保公司、银行、政府四方主体，彼此相互合作、相互制约，构成利益相关者。主要利益关系及制约机制如下：其一，政府作为监管方和政策制定者监督并扶持其他三方参与融资担保业务，并对贯彻政府政策的主体进行奖励；其二，银行和融资担保公司作为贷款方和增信方，分担着小微企业的经营风险，甚至融资担保公司还会为小微企业的违约行为付出代价；其三，银行为防控风险对拟合作的融资担保公司和借款企业会例行审查，审查融资担保公司的财务实力和小微企业的资信状况，审查结果会影响银行决策和合作态度；其四，融资担保公司作为增信方和风险分担者，其担保业务实力强弱关乎担保效果好坏；其五，作为借款者，小微企业经营状况影响其还款能力和违约概率，进一步关系到担保公司代偿损失。利益相关者理论认为任何一个公司的发展都离不开各利益相关者的投入或参与，企业追求的是利益相关者的整体利益，而不仅仅是某些主体的利益。因此，小微企业融资担保有效性与担保公司的财务实力和业务能力、小微企业的资信水平和经营状况、银行的合作态度、政府的扶持政策息息相关。结合已有文献研究成果，详细分析如下。

首先，银行对拟合作担保公司进行准入、评级及授信时，主要考虑其注册资本及担保资金规模等财务信息，如要求提供财务报表、担保贷款余额清单等。银行为控制风险，对不同财务实力的担保公司会采取不同合作态度。担保公司薄弱的财务实力会造成银担沟通不畅，银行对担保公司的审核会越发严格（胡德海，2013）。其次，银行在向小微企业贷款过程中，小微企业财务体系的完善程度等资信状况影响着银行对小微企业的信任，进而造成银行放贷积极性的差异（Francesco，2015）。最后，政府在小微企业融资中发挥政策导向作用，一方面通过税收优惠和资金支持作用于小微企业，另一方面通过信贷政策和监督机制作用于商业银行，以改善银行合作态度，增加信贷支持（韩亚欣，2016）。基于此，提出假设 7 - 1。

假设 7 - 1a：担保公司财务实力对银行合作态度有显著正向影响；

假设 7 - 1b：小微企业资信水平对银行合作态度有显著正向影响；

假设 7 - 1c：政府扶持政策对银行合作态度有显著正向影响。

首先，担保公司给小微企业担保的前提是具有较高增信能力，而其增信能力与财务实力正相关。财务实力不足，增信能力必然降低，总担保贷款金额也受影响，进而不利于担保作用发挥（陈菲琼等，2010）。其次，根据信号传递与资信评价理论，良好的企业资信会向银行和担保公司传递可信赖的信息，有利于担保贷款成功申请。正如谢世清等（2011）研究了信誉成本对中小企业联保贷款有效性的影响。再次，政府资金支持和监管政策有助于扩大融资担保业务量、降低代偿损失。有学者实证分析了英国中小企业信用担保机构的成本收益，研究表明政府的干预是有价值的，尤其对于创新型企业，担保效率更加显著（Marc et al.，2013）。最后，银行作为资金供给方占据策略主动权，积极的合作态度对处于弱势的融资担保公司和小微企业至关重要。正如梅强等（2009）指出信用担保的长远发展需要改变银行的强势地位。薛菁等（2017）实证研究发现企业信用发育程度、商业银行支持程度及政府扶持政策等影响着融资担保服务效率。基于此，提出研究假设 7 - 2 和假设 7 - 3。

假设 7 - 2a：担保公司财务实力对小微企业融资担保有效性有显著正向影响；

假设 7 - 2b：小微企业资信水平对小微企业融资担保有效性有显著正向影响；

假设 7 - 2c：政府扶持政策对小微企业融资担保有效性有显著正向影响；

假设 7 - 3：银行合作态度对小微企业融资担保有效性有显著正向影响。

"银担企"参与小微企业融资担保业务实践过程中，银行作为担保贷款的主要资金来源，掌握着决策主动权，是小微企业和融资担保公司重要的合作伙伴，能否与银行进行平等互利的合作关系到小微企业的成长和融资担保公司的生存。然而由于我国银行业大多机构实力雄厚，融资担保公司和小微企业在与银行合作中处于弱势地位。商业银行为追求利润最大化，出于风险的考虑，采取较为保守和谨慎的合作态度，对部分小微企业实施信贷配给，对融资担保公司设置高门槛，同时在贯彻政府扶持小微企业融资担保政策和实现自身盈利之间徘徊，对政府政策落实不到位。结合上述融资担保运行实践以及薛菁等学者关于商业银行支持程度影响融资担保服务效率的观点，并根据已有假设逻辑关系，提出中介作用的研究假设7-4。

假设7-4a：银行合作态度在担保公司财务实力对小微企业融资担保有效性的影响中起中介作用；

假设7-4b：银行合作态度在小微企业资信水平对小微企业融资担保有效性的影响中起中介作用；

假设7-4c：银行合作态度在政府扶持政策对小微企业融资担保有效性的影响中起中介作用。

担保产品组合、资产负债及风险管控水平、专业人才素质直接影响担保运行效率（陈菲琼等，2010）。不同担保公司面临的风险因素有相似之处，但不同业务能力的担保公司的运行效率不同。尤其当运行环境不理想、市场竞争激烈时，更需要专业人才的创新，通过设计适应市场需求的新型担保品种、担保流程或有效的风险分散机制来提高运行效率。基于此，提出研究假设7-5。

假设7-5：担保公司业务能力对小微企业融资担保有效性有显著正向影响。

小微企业多属劳动密集型的传统制造业和服务业，产品同质化强，技术层次低，盈利能力弱，加大了生产经营的不确定性和违约概率，增加了担保代偿风险。基于此，提出研究假设7-6。

假设7-6：小微企业经营状况对小微企业融资担保有效性有显著正向影响。

7.2　小微企业融资担保有效性影响因素量表确立

本章基于融资担保实践中参与主体的利益实现机制和共生决策行为，追溯小微企业融资担保有效性影响因素的源头，并根据利益相关者理论和已有文献研究成果，从融资担保公司财务实力和业务能力、小微企业资信水平和经营状况、政府扶持政策、银行合作态度六方面提出相应研究假设、构建理论模型，并设计小微企业融资担保有效性影响因素量表。问卷设计过程综合考虑了融资担保实践、专家访谈结果和文献研究成果，并对量表内容合理性进行了修正，为进一步确保测量量表的准确性和有效性，在正式开展大规模调查之前还进行了预调研。此调研阶段主要针对江苏部分融资担保公司发放100份问卷，收回91份，其中有效问卷为86份，占比86%。采用SPSS软件统计软件对预调研收集的小样本数据进行信度及效度检验，并基于检验的结果进一步筛选题项，确定最终量表。

7.2.1 量表的前测

1. 前测量表信度分析

信度分析通过评价量表内部一致性进行题项筛选。本书采用Cronbach's α 系数(以下简称 α 系数) 和校正项总计相关系数（CITC）进行信度分析。α 系数至少达到0.70，CITC至少达到0.50，表示量表可接受。同时，若删除某题项后整体量表 α 系数增大，则应删除该题项。运用SPSS软件对担保公司财务实力和业务能力、小微企业资信水平和经营状况、政府扶持政策、银行合作态度、融资担保有效性进行信度检验，结果如表7-1所示。

表7-1　　　　　　　　　　信度分析结果

潜变量	测量题项	各变量α系数	CITC值	删除该题项后的α系数	备注
担保公司财务实力	GF1	0.822	0.712	0.730	保留
	GF2		0.657	0.778	保留
	GF3		0.672	0.758	保留
担保公司业务能力	GB1	0.873	0.766	0.814	保留
	GB2		0.798	0.783	保留
	GB3		0.711	0.862	保留
小微企业资信水平	EC1	0.823	0.660	0.772	保留
	EC2		0.718	0.745	保留
	EC3		0.767	0.719	保留
	EC4		0.461	0.855	删除

潜变量	测量题项	各变量 α 系数	CITC 值	删除该题项后的 α 系数	备注
小微企业 经营状况	EM1	0.842	0.689	0.801	保留
	EM2		0.710	0.778	保留
	EM3		0.732	0.764	保留
政府 扶持政策	GS1	0.867	0.696	0.861	保留
	GS2		0.790	0.775	保留
	GS3		0.758	0.803	保留
银行 合作态度	BC1	0.856	0.713	0.811	保留
	BC2		0.760	0.794	保留
	BC3		0.622	0.849	保留
	BC4		0.711	0.812	保留
融资担保 有效性	GE1	0.893	0.747	0.883	保留
	GE2		0.845	0.797	保留
	GE3		0.780	0.856	保留

注：GF1——注册资本；GF2——担保资金补偿机制；GF3——担保放大倍数；GB1——担保业务品种丰富程度；GB2——风险管理及控制水平；GB3——从业人员专业水平和综合素质；EC1——企业偿债能力；EC2——企业财务信息透明及完整性；EC3——企业历史信用记录；EC4——企业抵质押品充足性；EM1——企业主及组织特征；EM2——企业盈利能力；EM3——企业核心竞争力；GS1——资金支持及税收优惠；GS2——融资担保行业监管及政策规范；GS3——再担保体系建设；BC1——银行对担保公司所设准入门槛；BC2——银行参与风险分担的比重；BC3——银行担保贷款审批程序；BC4——银行交易成本；GE1——担保贷款总额；GE2——担保成功率；GE3——担保代偿率。

由表 7-1 可知，所有维度量表的 α 系数均大于 0.70，满足要求。但是 EC4 的 CITC 值为 0.461，小于 0.50，且删除 EC4 后整体信度有了明显提高，故删除 EC4。然后进一步对保留下来的题项开展信度检验，结果见表 7-2。

表 7-2　　　　　　　　　　　修正后量表的信度检验结果

潜变量	题项	各变量 α 系数	CITC 值	删除此题项后的 α 系数	备注
担保公司 财务实力	GF1	0.822	0.712	0.730	保留
	GF2		0.657	0.778	保留
	GF3		0.672	0.758	保留
担保公司 业务能力	GB1	0.873	0.766	0.814	保留
	GB2		0.798	0.783	保留
	GB3		0.711	0.862	保留

潜变量	题项	各变量α系数	CITC值	删除此题项后的α系数	备注
小微企业资信水平	EC1	0.855	0.717	0.811	保留
	EC2		0.734	0.794	保留
	EC3		0.737	0.788	保留
小微企业经营状况	EM1	0.842	0.689	0.801	保留
	EM2		0.710	0.778	保留
	EM3		0.732	0.764	保留
政府扶持政策	GS1	0.867	0.696	0.861	保留
	GS2		0.790	0.775	保留
	GS3		0.758	0.803	保留
银行合作态度	BC1	0.856	0.713	0.811	保留
	BC2		0.760	0.794	保留
	BC3		0.622	0.849	保留
	BC4		0.711	0.812	保留
融资担保有效性	GE1	0.893	0.747	0.883	保留
	GE2		0.845	0.797	保留
	GE3		0.780	0.856	保留

在表7-2中，修正后各潜变量的α系数都大于0.7，所有题项的CITC值也都大于0.50，且小微企业资信水平量表的α系数提高至0.855，删除其中任一题项后量表内部一致性并没有增加，因此保留剩下的所有题项。

2. 前测量表的探索性因子分析

获取的数据是否适合进行因子分析，需要根据采用SPSS软件对各变量进行Kaiser-Meyer-Olkin（KMO）检测和Bartlett's球形检验所得的结果判定。若KMO大于0.9则极其合适，若在0.6~0.9间则比较合适，但若低于0.6则不合适。Bartlett's球形检验是用来衡量各个观测指标之间相关系数的显著性的，若Sig<0.05，表明显著性较好，能够进一步进行因子分析。

对小微企业融资担保有效性影响因素量表进行探索性因子分析，如表7 – 3
所示。

表7 – 3　　小微企业融资担保有效性影响因素量表探索性因子分析结果

因子	题项	因子					
		1	2	3	4	5	6
担保公司财务实力	GF1						0.881
	GF2						0.830
	GF3						0.857
担保公司业务能力	GB1			0.851			
	GB2			0.901			
	GB3			0.852			
小微企业资信水平	EC1				0.890		
	EC2				0.798		
	EC3				0.831		
小微企业经营状况	EM1					0.830	
	EM2					0.795	
	EM3					0.885	
政府扶持政策	GS1		0.804				
	GS2		0.885				
	GS3		0.891				
银行合作态度	BC1	0.826					
	BC2	0.866					
	BC3	0.725					
	BC4	0.840					
KMO		0.720					
Sig		0.000					
累计解释总体方差变异（%）		77.634					

注：全部数据样本 $n = 86$，提取方法为主成分法，旋转方法是最大方差法。

如表 7-3 所示，共提取 6 个特征值大于 1 的因子，KMO 值为 0.720，大于 0.70，显著性概率（Sig）为 0.000（P < 0.05），符合标准；同时累计解释总体方差变异为 77.634%，大于 60%，因此对实际问题的解释力度较大；另外，所有的因子载荷均高于 0.5，且不存在单独一个观测变量作为潜变量孤立存在的现象，表明各潜变量具有良好的内部一致性，无须进一步删除观测指标，故保留所有题项。

同理，对小微企业融资担保有效性测量量表也开展探索性因子分析，结果详见表 7-4。

表 7-4 　　　　　　小微企业融资担保有效性量表探索性因子分析结果

因子	题项	因子
融资担保有效性	GE1	0.884
	GE2	0.936
	GE3	0.902
KMO		0.723
Sig		0.000
累计解释总体方差变异（%）		82.351%

注：全部数据样本 $n = 86$，提取方法为主成分法，旋转方法是最大方差法。

表 7-4 数据所示，共提取 1 个特征值大于 1 的因子，KMO 值为 0.723，大于 0.70，显著性概率（Sig）为 0.000，符合标准；累计解释总体方差变异为 82.351%，大于 60%；各题项的因子载荷都大于 0.50，不予删除。

7.2.2　最终量表的形成

在通过预调研对回收的小样本数据进行信度分析、效度分析之后，删除了解释力度不强的测量题项，最终得到了正式量表。该量表由担保公司财务实力、担保公司业务能力、小微企业资信水平、小微企业经营状况、政府扶持政策、银行合作态度、融资担保有效性这7个潜变量构成，见表7-5。

表7-5　　　　江苏小微企业融资担保有效性影响因素最终量表

潜变量	编码	观测变量
融资担保有效性	GE1	担保贷款总额
	GE2	担保成功率
	GE3	担保代偿率
担保公司财务实力	GF1	注册资本
	GF2	担保资金补偿机制
	GF3	放大倍数
担保公司业务能力	GB1	担保业务品种丰富程度
	GB2	风险管理及控制水平
	GB3	从业人员专业水平和综合素质
小微企业资信水平	EC1	企业偿债能力
	EC2	企业财务信息透明度及完整性
	EC3	企业历史信用记录
小微企业经营状况	EM1	企业主及组织特征
	EM2	企业盈利能力
	EM3	企业核心竞争力
政府扶持政策	GS1	资金支持及税收优惠
	GS2	融资担保行业监管及政策规范
	GS3	再担保体系建设
银行合作态度	BC1	银行对担保公司设定的准入门槛
	BC2	银行参与风险分担的比重
	BC3	银行担保贷款审批程序
	BC4	银行交易成本

7.3 数据收集与分析

7.3.1 数据获取与描述性统计分析

研究旨在剖析小微企业融资担保服务有效性问题，是落实党的十九大关于增强金融服务实体能力的体现。虽然实证检验过程采用的江苏数据，但研究的却是具有普适性、一般意义层面的学术问题。本书参考江苏省经信委于 2017 年 5 月 18 日发布的《江苏省融资担保机构名录》，锁定调查对象；同时，由于研究需要了解江苏融资担保公司经营管理中的各类数据，故将答题者限定为江苏融资担保公司中高层管理人员。此外，充分考虑苏南、苏中、苏北经济不平衡性和融资担保发展差异，课题组对江苏全省 13 市的 230 家融资担保公司分批开展调研。调研过程得到江苏信用担保协会的支持，且调研方式为实地访谈、行业会议现场填写问卷、电子邮件等可控性强的方式，收回问卷 224 份，回收率达 97%。人工剔除明显填写不实的问卷后得到 208 份有效问卷作为最终样本。

以下将从公司成立年限、运作模式、区域分布三方面阐述基本信息。首先，成立年限方面，所选样本最早的成立于 1998 年，最晚 2017 年，整体偏年轻化，这与我国融资担保起步于 20 世纪 90 年代的行业背景相符，因此所选样本的注册时间跨度较大，基本贯穿江苏融资担保整个发展历程；运作模式方面，所选样本可分为政策性担保机构、商业性担保机构及互助性担保机构三种，其中前两者居多，政策性担保机构数量的增加显示出政府为积极引导担保机构回归政策属性所做出的努力。区域分布方面，苏南地区 102 家（占比 49.04%），苏中 45 家（占比 21.63%），苏北 61 家（占比 29.33%）。以上信息反映出所选样本具有很好的代表性，基本能反映江苏小微企业融资担保有效性情况。

7.3.2　量表的信度分析

在对大样本进行描述性统计分析后，需要进一步对量表进行信度检验，以验证量表所测得结果的稳定性与一致性。信度即可靠性，克朗巴哈 Cronbach's alpha 系数（以下简称 α 系数）是现阶段最常用的信度参考标准，因此大样本采用 α 系数来进行信度检验。如果 α 的数值高于 0.90，则代表量表达到了很好的信度水平；如果量表的信度系数在 0.80 ~ 0.90 之间，表示量表的信度可以接受；如果量表的信度系数在 0.70 ~ 0.80 之间，表示量表有些项目仍需要进一步修订；如果量表的信度系数在 0.70 以下，表示量表中有些项目需要抛弃（DeVellis，2016）。借助 SPSS 软件进行可靠性分析，测得信度检验结果见表 7 – 6。

表 7 – 6　　　　　　　　　　　量表信度分析结果

潜变量	α 系数	
融资担保有效性	0.866	
担保公司财务实力	0.877	
担保公司业务能力	0.838	
小微企业资信水平	0.894	
小微企业经营状况	0.906	0.920
政府扶持政策	0.853	
银行合作态度	0.885	

由表 7 – 6 可知，融资担保有效性量表的 α 系数为 0.866，小微企业融资担保有效性影响因素总体量表的 α 系数为 0.920，均大于 0.8，且影响因素各维度的 α 系数也均大于 0.8，因此，量表具有较好的信度水平。

7.3.3　量表的效度分析

效度越高说明测量结果越能反映被测量对象真正特征。常用的效度指标包括内容效度和结构效度。由于量表是在综合专家访谈结果和借鉴现有文献的理论研究基础上，经过多轮研讨反复筛选和修正得出，所以达到了内容效度基本要求。关于结构效度，则选用探索性因子分析、收敛效度以及区别效度三个指标进行检验。

1. 探索性因子分析

至于获取的数据是否适合进行因子分析，需要根据 KMO 检测和 Bartlett's 球形检验所得结果来判定。当 KMO 值高于 0.70，而且 Bartlett's 球形检验显著时（P<0.05），才可以进一步开展因子分析。运用 SPSS 软件对调研采集的数据进行 KMO 检测和 Bartlett's 球形检验，具体结果如表 7-7 所示。

表 7-7   量表的 KMO 检测和 Bartlett's 检验结果

量表	指标		数值
小微企业融资担保有效性影响因素量表	KMO		0.877
	Bartlett 的球形度检验	近似卡方	2603.878
		df	171
		Sig	0.000
小微企业融资担保有效性量表	KMO		0.709
	Bartlett 的球形度检验	近似卡方	311.678
		df	3
		Sig	0.000

由表 7-7 可知，由担保公司财务实力、担保公司业务能力、小微企业资信水平、小微企业经营状况、政府扶持政策、银行合作态度所构成的小微企业融资担保有效性影响因素量表以及小微企业融资担保有效性量表的 KMO 值分别为 0.877 和 0.709，均高于 0.70，而且 Sig 值都是 0.000，所以可以进一步对获取的大样本数据开展探索性因子分析。对各量表进行探索性因子分析，结果如表 7-8 所示。

表 7 - 8   各量表探索性因子分析结果

量表	因子	题项	因子					
			1	2	3	4	5	6
小微企业融资担保有效性影响因素量表	担保公司财务实力	GF1				0.804		
		GF2				0.861		
		GF3				0.812		
	担保公司业务能力	GB1						0.795
		GB2						0.878
		GB3						0.787
	小微企业资信水平	EC1			0.832			
		EC2			0.828			
		EC3			0.800			
	小微企业经营状况	EM1		0.787				
		EM2		0.811				
		EM3		0.861				
	政府扶持政策	GS1					0.765	
		GS2					0.823	
		GS3					0.833	
	银行合作态度	BC1	0.743					
		BC2	0.820					
		BC3	0.825					
		BC4	0.882					
	累计解释总体方差变异（%）		79.988					
小微企业融资担保有效性量表	融资担保有效性	GE1	0.856					
		GE2	0.922					
		GE3	0.885					
	累计解释总体方差变异（%）		78.880					

注：全部数据样本 $n = 208$，提取方法为主成分法，旋转方法是最大方差法。

由表 7 - 8 所示，运用主成分法从小微企业融资担保有效性影响因素量表 19 个测量题项中提取出了六个因子，从小微企业融资担保有效性量表 3 个测量题项中提取出了一个因子，各变量提取的所有因子分别解释了总体量表的

79.988% 和 78.880%，且各变量所有测量题项的因子载荷均高于 0.60，因此，设计的最终量表达到了相应统计要求，各部分的内部结构良好。

2. 收敛效度和区别效度检验

为验证量表中变量是否适合构建结构方程，使用 AMOS 软件进行验证性因子分析，通过收敛效度和区别效度检验变量维度划分的合理性，确定变量对因子的测度效果以及变量间、因子间的区分。收敛效度评价主要通过测量标准化因子载荷、组合信度（CR）和平均萃取方差（AVE）实现。因子载荷由 AMOS 软件运行得出，CR 和 AVE 需根据定义和公式计算，结果见表 7-9。

表 7-9　　　　　　　　量表收敛效度检验结果

潜变量	编码	因子载荷	组合信度 CR	平均萃取方差 AVE
融资担保有效性	GE1	0.761	0.87	0.692
	GE2	0.905		
	GE3	0.823		
担保公司财务实力	GF1	0.803	0.883	0.715
	GF2	0.890		
	GF3	0.842		
担保公司业务能力	GB1	0.771	0.846	0.649
	GB2	0.888		
	GB3	0.750		
小微企业资信水平	EC1	0.817	0.896	0.743
	EC2	0.903		
	EC3	0.864		
小微企业经营状况	EM1	0.855	0.907	0.765
	EM2	0.893		
	EM3	0.875		
政府扶持政策	GS1	0.734	0.861	0.675
	GS2	0.881		
	GS3	0.843		
银行合作态度	BC1	0.809	0.885	0.658
	BC2	0.845		
	BC3	0.819		
	BC4	0.771		

由表 7-9 可知，量表中各个因子载荷均大于 0.7、组合信度（CR）均大于 0.8、平均萃取方差（AVE）均大于 0.6，表明量表具有较好的收敛效度。而区别效度的判定则依赖于潜变量间的相关系数和 AVE 平方根之间的比较关系，通过运用 SPSS 软件进行相关性分析，得出潜变量间的相关系数，区别效度检验结果如表 7-10 所示。

表 7-10　　　　　　　　　　量表区别效度检验结果

潜变量	1	2	3	4	5	6	7
1. 融资担保有效性	0.832						
2. 担保公司财务实力	0.504**	0.846					
3. 担保公司业务能力	0.478**	0.392**	0.806				
4. 小微企业资信水平	0.566**	0.409**	0.452**	0.862			
5. 小微企业经营状况	0.556**	0.489**	0.415**	0.519**	0.875		
6. 政府扶持政策	0.541**	0.459**	0.405**	0.483**	0.520**	0.822	
7. 银行合作态度	0.462**	0.423**	0.258**	0.430**	0.420**	0.341**	0.811

注：对角线上的数值为变量的 AVE 平方根，其他数值为变量间相关系数，**表示 1% 的显著性水平。

表 7-10 数据显示，每个因子自身 AVE 的平方根都比与其他因子间的相关系数值大，证明量表具有良好的区别效度。

7.4　结构方程全模型检验

在理论分析提出研究假设、确定最终量表并且确保其具有较高的信效度水平的基础上，需要进一步探究各因子对江苏小微企业融资担保有效性的影响效应，以及影响因子之间的作用机制。借助 AMOS 软件构建了结构方程模型，通过模型拟合和路径系数分析验证理论假设。

7.4.1 结构方程模型构建与拟合检验

研究旨在识别担保有效性关键影响因素，并揭示影响路径和程度。结构模型共包含 7 个潜变量，相应地也存在 7 个含有不同数量观测变量的测量模型。其中 1 个因变量：融资担保有效性（含 3 个观测变量）；1 个中介变量：银行合作态度（含 4 个观测变量）；5 个自变量：担保公司财务实力、小微企业资信水平、政府扶持政策、担保公司业务能力、小微企业经营状况（均含 3 个观测变量）。运用 AMOS 软件构建的结构方程模型及其运行情况，如图 7 – 1 所示。

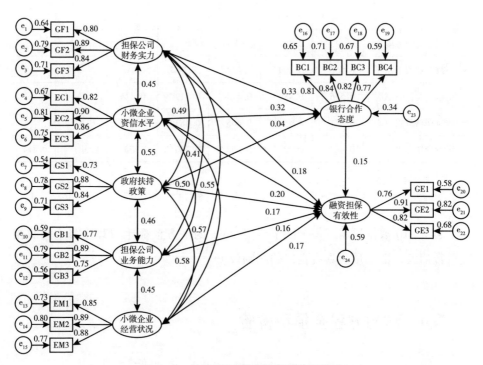

图 7 – 1　结构方程模型构建及运行结果

如图 7 – 1 所示，因变量融资担保有效性的 3 个观测变量、中介变量银行合作态度的 4 个观测变量以及 5 个自变量所含的 15 个观测变量的标准路径载荷系数均大于 0.7，表明 22 个观测变量能够在较大程度上解释潜变量，模型的整体效度水平较高。另外，关于结构方程模型的拟合情况见表 7 – 11。

表 7 – 11　　　　　　　　　　结构方程模型拟合情况

拟合指数	χ2/df	GFI	AGFI	NFI	IFI	TLI
数值	1.549	0.894	0.859	0.909	0.966	0.958
判断标准	1 – 3	>0.8	>0.8	>0.9	>0.9	>0.9
拟合指数	CFI	PGFI	PNFI	PCFI	RMSEA	
数值	0.965	0.672	0.748	0.794	0.051	—
判断标准	>0.9	>0.5	>0.5	>0.5	<0.08	

由表 7 – 11 可知，模型拟合结果如下：绝对拟合指数方面，χ2/df 为 1.549，介于 1~3 的理想范围，近似误差均方根 RMSEA 为 0.051，小于 0.08 且接近 0.05，拟合优度指数 GFI 和调整后拟合优度指数分别为 0.894、0.859，均大于 0.8 且接近 0.9，满足基本要求。相对拟合指数方面，NFI、IFI、TLI、CFI 均大于 0.9，节俭调整指数 PGFI、PNFI、PCFI 均大于 0.5，符合标准。因此，所构建的结构方程模型符合评价标准。

7.4.2　假设检验与中介效应分析

以下将通过路径分析进一步检验变量间的关系，根据图 7 – 1 中结构方程模型运行结果，导出潜变量间的标准化路径系数，见表 7 – 12。

表 7 – 12　　　　　　　　　　标准化路径系数和检验结果

假设编号	路径	标准化系数	标准误差 S. E.	临界比 C. R.	显著水平 P	检测结果
假设 7 – 1a	担保公司财务实力→银行合作态度	0.331	0.082	3.911	<0.001***	通过
假设 7 – 1b	小微企业资信水平→银行合作态度	0.318	0.087	3.628	<0.001***	通过

续表

假设编号	路径	标准化系数	标准误差 S. E.	临界比 C. R.	显著水平 P	检测结果
假设 7 - 1c	政府扶持政策 →银行合作态度	0.044	0.117	0.49	0.624	未通过
假设 7 - 2a	担保公司财务实力 →融资担保有效性	0.176	0.068	2.271	0.023 **	通过
假设 7 - 2b	小微企业资信水平 →融资担保有效性	0.202	0.073	2.455	0.014 **	通过
假设 7 - 2c	政府扶持政策 →融资担保有效性	0.170	0.093	2.14	0.032 **	通过
假设 7 - 3	银行合作态度 →融资担保有效性	0.155	0.064	2.178	0.029 **	通过
假设 7 - 5	担保公司业务实力 →融资担保有效性	0.157	0.067	2.193	0.028 **	通过
假设 7 - 6	小微企业经营状况 →融资担保有效性	0.166	0.068	2.043	0.041 **	通过

注：***表示1%的显著性水平，**表示5%的显著性水平。

主要路径检验结果如下：（1）担保公司财务实力、小微企业资信水平与银行合作态度之间存在显著正相关关系（P < 0.001），路径系数分别为 0.331、0.318，而政府扶持政策对银行合作态度无显著影响，因此假设 7 - 1a 和假设 7 - 1b 成立，假设 7 - 1c 不成立；（2）担保公司财务实力、小微企业资信水平、政府扶持政策与融资担保有效性之间存在显著正相关关系（P < 0.05），路径系数分别为 0.176、0.202 和 0.170，因此假设 7 - 2a、假设 7 - 2b 和假设 7 - 2c 均成立；（3）银行合作态度、担保公司业务能力、小微企业经营状况与融资担保有效性之间存在显著正相关关系（P < 0.05），路径系数分别为 0.155、0.157 和 0.166。因此，假设 7 - 3、假设 7 - 5 和假设 7 - 6 均成立。

中介路径检验方面，综合采用温忠麟的分步检验法及 Sobel 检验法。研究假设中有 3 条中介路径，即假设 7 - 4a（担保公司财务实力→银行合作态度→融资担保有效性）、假设 7 - 4b（小微企业资信水平→银行合作态度→融资担保有效性）和假设 7 - 4c（政府扶持政策→银行合作态度→融资担保有效性）。检验过程及结果如下：（1）由主要路径检验结果可知，假设 7 - 1a（担保公司财务实力→银行合作态度）、假设 7 - 2a（担保公司财务实力→融资担保有效性）和假设 7 - 3（银行合作态度→融资担保有效性）均成立，因此假设 7 - 4a 成立，同理可证假设 7 - 4b 成立。即银行合作态度在担保公司财务实力和小微企业资信水平对小微企业融资担保有效性的影响中均起到部分中介作用。（2）由于主要路径检验结果显示假设 7 - 1c（政府扶持政策→银行合作态度）不成立，于是进一步采用 Sobel 检验，若 z 值大于等于 1.96，说明中介路径显著，即中介作用存在。假设 7 - 1c 的标准路径系数为 0.044，S. E. 为 0.117，假设 7 - 3 的标准路径系数为 0.155，S. E. 为 0.064，则假设 7 - 4c 代表路径的 z 值为 $0.044 \times 0.155/(0.117 \times 0.064) = 0.911 < 1.96$，因此假设 7 - 4c 不成立，银行合作态度在政府扶持政策对小微企业融资担保有效性影响中的中介作用不显著。

7.5 小微企业融资担保有效性影响因素的实证结果分析

7.5.1 担保公司财务实力和企业资信水平的作用结果分析

担保公司财务实力和小微企业资信水平对融资担保有效性具有直接和间接两种作用路径，银行合作态度在担保公司财务实力和小微企业资信水平对融资担保有效性的正向影响中起部分中介作用。

说明提高江苏融资担保公司财务实力和小微企业资信水平，可增强银行信任度、加大银行参与江苏小微企业融资担保积极性，显著改善银行合作态度并提升小微企业融资担保有效性。根据信号传递与资信评价理论，银行在选择拟合作担保公司时，为分散或转嫁风险，倾向于规模较大、财务实力雄厚的政策性担保公司，以尽可能减少自身风险损失。而小微企业声誉、财务透明及规范度、历史信用记录等资信状况，则是银企之间能否建立长期稳定合作关系的关键。因此，针对不同财务实力的担保公司以及不同资信水平的小微企业，银行会在合作门槛、风险分担比例、审批程序、交易成本等方面采取差异化合作态度，进而会影响到担保贷款总额、担保成功率和代偿率。

7.5.2 政府扶持政策的作用结果分析

政府扶持政策对银行合作态度的影响缺乏显著性，但直接影响小微企业融资担保有效性。

根据准公共品理论，融资担保作为准公共品，存在搭便车问题，生产成本得不到补偿，市场供给不足将产生效率损失。因此采用政府扶持等公共方式提供，可弥补因供应不足导致的效率损失。江苏政府部门通过资金支持（注资、代偿补偿、保费补贴、业务奖励等）、出台行业规范及监管政策、推动再担保体系建设等方式直接作用于小微企业融资担保业务，是提升江苏小微企业融资担保有效性的重要力量。

然而，政府扶持政策对银行合作态度的影响缺乏显著性，且银行合作态度在政府扶持政策对担保有效性影响中的中介作用也不显著，因此假设 7-1c 和假设 7-4c 均不成立，可从以下两方面解释。首先，政府作用形式除上述对担保行业的直接扶持，还包括间接对银行业的监管。例如，根据商业银行支农支小贷款投放情况，对贯彻政策目标的银行实施定向降准、再贷款支持、业务奖励等激励措施。但现实中，商业银行难以实现自身盈利和贯彻政策的平衡，为追求利润最大化，会以背离政策目标为代价，导致政府政策的作用效果减弱。其次，三方合作中银行占据决策主动权，担保公司和小微企业要想争取银行信赖，关键还要依靠自身主观条件，仅依靠政府的宏观调控难以改变银行的合作态度。

7.5.3 担保公司业务能力和企业经营状况的作用结果分析

担保公司业务能力和小微企业经营状况对小微企业融资担保有效性具有较

为显著的影响。

担保公司提供的服务是信用，经营的是风险，无论何种性质的担保公司均面临高风险、低收益的业务模式困境。业务风险成因的复杂性、担保专业人才的缺乏、担保品种的单一化以及风险管控能力的不足，会增加担保公司的代偿损失，制约行业可持续发展，融资担保服务小微企业融资的有效性因此减弱。小微企业经营状况的作用效果主要源于以下两个方面。首先，在担保贷款审批前，企业主特征及企业组织特征（企业年龄、规模、股东结构）会影响银行和担保公司的评估决策，进而影响担保成功率；其次，在担保贷款审批通过后，企业违约率与自身盈利能力和技术创新能力息息相关，经营不善会加剧企业违约风险，增加担保代偿率，降低融资担保有效性。

7.5.4　银行合作态度的作用结果分析

银行合作态度在担保公司财务实力和小微企业资信水平对融资担保有效性的正向影响中起部分中介作用，但银行合作态度在政府扶持政策对担保有效性的正向影响中的中介作用不显著，因而假设 7 - 4a、假设 7 - 4b 成立但假设 7 - 4c 不成立。

其中，假设 7 - 4a、假设 7 - 4b 成立原因已在 7.5.1 中阐述，假设 7 - 4c 不成立原因已在 7.5.2 中阐述，此处着重分析假设 7 - 4c 不成立所反映出的现实问题。一方面，反映出商业银行在贯彻政府政策和实现自身盈利间的取舍，利益最大化的经营目标是阻碍银行有力贯彻小微企业融资扶持政策的主要因素。另一方面，反映出政府对银行的监管仍需改进，监管方式的优化和监管政策效力的放大是提升银行合作积极性、助力小微企业融资担保的关键。除此之外，还反映出我国银行市场化改革任务的艰巨和加快银行市场化改革进程的紧迫性。银行与小微企业和融资担保公司之间地位不对等，是制约小微企业融资担保有效性的顽石。市场化竞争的加剧可促使银行增强服务质效，适当缓解银企和银担间的地位不对称，分担融资担保公司风险，促进小微企业融资。

7.6　本章小结

为分析小微企业融资担保有效性的影响因素，本章设计了担保公司问卷。为保证问卷的合理性，先发放 100 份问卷进行了前测，经完善后，形成了最终量表。在此基础上，在江苏省内进行了问卷调查，得到 208 份有效问卷。再次，需要进一步探究各因子对江苏小微企业融资担保有效性的影响效应，以及影响因子之间的作用机制。因此借助 AMOS 软件构建了结构方程模型，通过模型拟合和路径系数分析验证理论假设。最后，对担保公司财务实力和资信水平、政府扶持政策、担保公司业务能力和经营状况等的作用结果进行了深入分析。

第8章　小微企业融资担保效率影响因素分析

本章首先根据现有文献基础及江苏小微企业融资担保现实情况提出研究假设，构建回归模型并设计影响因素指标，从宏观和微观影响因素两个方面展开；其次，对收集的江苏小微企业融资担保效率相关问卷数据进行描述性统计分析，并运用 SPSS 软件进行信度、效度分析以及相关性检验；最后，针对江苏小微企业融资担保效率的宏微观影响因素进行线性回归分析，探究其影响方向和影响程度。

8.1　小微企业融资担保效率影响因素的研究假设

在结合相关理论分析的基础上，针对江苏省融资担保公司为小微企业提供融资担保的现状，提出相应的研究假设。

1. 经济运行环境与江苏小微企业融资担保效率研究假设

江苏省良好的经济运行环境不仅有助于小微企业健康、可持续发展，而且有利于扩大融资担保公司为小微企业增信的业务量。如张夏青（2015）指出，地区经济发达程度对担保效率产生了显著影响，政策性担保公司适应于经济发达的地区，商业性担保公司适应于放贷资金量大、经济水平中等以上、发展速度较快的地区。此外，江苏省政府通过出台融资担保扶持政策加大资金支持力度，利用税收优惠政策、建立资金池、融资担保基金等方式助力小微企业融资困境的缓解，提升了融资担保效率。张承慧（2019）也指出，应当有效发挥政府在资金补充方面的支持作用，提高融资担保公司为民营企业增信的能力，共创普惠金融。基于此，提出假设8-1。

假设8-1a：经济运行环境对政策性融资担保公司支持江苏小微企业增信的效率有显著正向影响；

假设8-1b：经济运行环境对商业性融资担保公司支持江苏小微企业增信的效率有显著正向影响。

2. 法律制度环境与江苏小微企业融资担保效率研究假设

完善的融资担保法律法规严格规范了融资担保圈中各主体的行为决策，并且在信息不对称条件下，信用体系的健全有助于江苏省融资担保公司和商业银行获取小微企业的基本信用情况。如考林等（2017）研究表明，不断变化的市场改变了不同阶段小微企业的融资需求，担保法律法规的完善有助于担保公司协同小微企业健康发展。杜亚（2017）也指出，现有的融资担保法律制度不利于小微企业获得资本青睐，相关法律制度不完善羁绊了小微企业的长足发展，融资担保法律环境对于担保公司有效扶持小微企业至关重要。基于此，提出假设8-2。

假设8-2a：法律制度环境对政策性融资担保公司支持江苏小微企业增信的效率有显著正向影响；

假设8-2b：法律制度环境对商业性融资担保公司支持江苏小微企业增信的效率有显著正向影响。

3. 融资担保公司担保能力与江苏小微企业融资担保效率研究假设

基于信贷交易成本担保理论，融资担保公司作为银企合作的桥梁，能够通过为小微企业提供担保服务，帮助小微企业实现信用增级，以弥补其信用不足的缺陷，进而降低商业银行等金融机构的信贷门槛。因此，江苏省融资担保公司的担保能力与其为小微企业增信的能力密切相关。江苏省融资担保公司从业人员专业程度较高、股东实力较强、担保业务品种丰富，则融资担保公司可凭借高水平的担保能力解决小微企业具体的融资问题。如郑文莉等（2019）研究表明，担保创新有助于防范信贷风险，不仅对融资担保公司的主营业务产生影响，而且对担保效率的提升具有促进作用。江苏省融资担保公司应当凭借较高的担保能力为小微企业实现信用增级，但为保证自身盈利性及可持续发展，融资担保公司仍需具备较好的风险管理与风险控制程序。融资担保公司的风险管理可有效规避担保网络风险传播，融资担保公司应当注重风险控制对担保效率的影响（Aolin et al.，2017）。基于此，提出假设 8 – 3。

假设 8 – 3a：融资担保公司担保能力对政策性融资担保公司支持江苏小微企业增信的效率有显著正向影响；

假设 8 – 3b：融资担保公司担保能力对商业性融资担保公司支持江苏小微企业增信的效率有显著正向影响。

4. 江苏小微企业信用及经营能力与融资担保效率研究假设

江苏小微企业由于自身弱质性，如信用等级不高、经营规模较小、偿债能力较弱等，难以满足商业银行的信贷条件，其信息透明度较低会加大信息不对称对企业融资的影响，进而降低了融资担保公司及商业银行为其提供信贷融资的积极性。根据信号传递与资信评价担保理论，小微企业资信水平较高会向商业银行和融资担保公司传递可信赖的信息，有助于小微企业获得担保贷款。如李新春（2017）研究表明，企业规模的大小会对银行贷款意愿产生正面显著影响。此外，江苏小微企业技术层次相对较低且盈利能力较弱，生产经营的不确定性使其违约概率较大，增加了融资担保公司的担保代偿风险。可见，江苏小微企业较强的经营能力有助于提升融资担保效率。基于此，提出假设 8 – 4。

假设 8 – 4a：小微企业信用及经营能力对政策性融资担保公司支持江苏小微企业增信的效率有显著正向影响；

假设 8 – 4b：小微企业信用及经营能力对商业性融资担保公司支持江苏小微企业增信的效率有显著正向影响。

5. 商业银行合作意愿与江苏小微企业融资担保效率研究假设

由于股票市场、债券市场对小微企业有很强的选择性和严格的标准，所以小微企业为寻求长远发展而进行直接融资的较少，多以间接融资为主，对于江苏省的小微企业而言也是如此。在江苏小微企业间接融资中，商业银行认为对其贷款风险大、成本高、盈利少，往往采取相对保守、谨慎的合作意愿，甚至会对部分小微企业进行信贷配给。因此，作为资金供给方的商业银行具有相对优势，积极的合作意愿对处于弱势的融资担保公司和小微企业至关重要。如薛菁等（2017）实证研究发现，商业银行支持程度影响着融资担保服务效率。

文学舟等（2019）从银企信任模型出发，表明银企合作为担保公司的担保行为增强了信心。基于此，提出假设8-5。

假设8-5a：商业银行合作意愿对政策性融资担保公司支持江苏小微企业增信的效率有显著正向影响；

假设8-5b：商业银行合作意愿对商业性融资担保公司支持江苏小微企业增信的效率有显著正向影响。

综上所述，提出研究假设及概念模型，分别见表8-1和图8-1。

表8-1　　　　　　　小微企业融资担保效率影响因素的研究假设

假设编号	假设内容
假设8-1a	经济运行环境对政策性融资担保公司支持江苏小微企业增信的效率有显著正向影响
假设8-1b	经济运行环境对商业性融资担保公司支持江苏小微企业增信的效率有显著正向影响
假设8-2a	法律制度环境对政策性融资担保公司支持江苏小微企业增信的效率有显著正向影响
假设8-2b	法律制度环境对商业性融资担保公司支持江苏小微企业增信的效率有显著正向影响
假设8-3a	融资担保公司担保能力对政策性融资担保公司支持江苏小微企业增信的效率有显著正向影响
假设8-3b	融资担保公司担保能力对商业性融资担保公司支持江苏小微企业增信的效率有显著正向影响
假设8-4a	小微企业信用及经营能力对政策性融资担保公司支持江苏小微企业增信的效率有显著正向影响
假设8-4b	小微企业信用及经营能力对商业性融资担保公司支持江苏小微企业增信的效率有显著正向影响
假设8-5a	商业银行合作意愿对政策性融资担保公司支持江苏小微企业增信的效率有显著正向影响
假设8-5b	商业银行合作意愿对商业性融资担保公司支持江苏小微企业增信的效率有显著正向影响

图8-1　小微企业融资担保效率影响因素的理论模型

由表 8 - 1 和图 8 - 1 可知，本章将探讨经济运行环境、法律制度环境、融资担保公司担保能力、小微企业信用及经营能力、商业银行合作意愿 5 个影响因素对政策性和商业性融资担保公司为江苏小微企业提供担保的效率的影响。

8.2 融资担保效率影响因素的模型建立与指标体系设计

在提出研究假设的基础上，需要构建模型并将各个变量进一步转化为可测度的观测变量。根据已有文献研究成果并结合当前小微企业融资担保运行实践，对各变量进行指标体系设计。

8.2.1 小微企业融资担保效率影响因素模型构建

采用遵循最大似然法概念的 Tobit 模型对江苏小微企业融资担保效率的影响因素进行回归分析。其基本形式如下：

$$y_i^* = \beta X_i + \varepsilon_i \qquad (8-1)$$

$$y_i = \begin{cases} y_i^* & \text{if } y_i^* > 0 \\ 0 & \text{if } y_i^* \leqslant 0 \end{cases} \quad \varepsilon_i \sim Normal(0,\ \sigma^2) \qquad (8-2)$$

式（8-1）和式（8-2）中，y_i 为因变量，对应三阶段 DEA 模型计算得到的效率值；X_i 为自变量，β 对应各个因素；ε_i 为各因素的系数比例，且满足 $\varepsilon_i \sim Normal$（0，$\sigma^2$）。

当 $y_i = 0$ 时，其概率分布函数为：

$$P(y_i = 0) = P(= y_i^* \leqslant 0) = \phi\left(\frac{-\beta X_i}{\sigma}\right) = 1 - \phi\left(\frac{\beta X_i}{\sigma}\right) \qquad (8-3)$$

式（8-3）中，$\phi(g)$ 是标准正态分布的分布函数。若 $y_i = y_i^*$，则 y_i 的概率分布等同于 y_i^* 的概率分布，因此似然函数可表示为式（8-4）：

$$l(\beta) = \sum_{y_i > 0} \ln\left[\phi\left(\frac{y_i - \beta X_i}{\sigma}\right) \right] + \sum_{y_i = 0} \ln\left[1 - \phi\left(\frac{\beta X_i}{\sigma}\right) \right] \qquad (8-4)$$

8.2.2 小微企业融资担保效率宏微观影响因素指标体系设计

江苏省融资担保公司为小微企业提供增信的过程中受到诸多宏观因素的影响，其中，经济运行环境与法律制度环境是理论与实践中对融资担保效率影响较大的两个方面。王宇伟（2018）表明，依据经济周期理论，宏观经济周期影响了企业融资行为；江苏融资担保实践中，受保的小微企业受到经济周期波动影响以及技术创新的冲击，均会对融资担保业务的顺利进行产生影响；顾海峰（2018）表明政府对信贷的干预影响了融资担保效率；政府相关部门对融资担保体系的建设对融资担保公司的有效运行具有较大的推动力（Ughetto et al.，2017）。因此，经济运行环境通过受保的小微企业所处行业的经济周期波动、技术创新的冲击、政府相关部门对融资担保公司的财政补贴以及对融资担保体系的建设与推动力度四个方面对江苏小微企业融资担保效率的影响得以反映。

江苏融资担保法律法规体系是否健全将直接影响融资担保公司的健康与可持续发展，其相关法律体系越完善，则对融资担保行业的保障作用越强。并且，融资担保公司在为江苏小微企业提供增信之前，需要对企业的信用状况、财务信息等基本情况进行了解，以实现扶持优质的小微企业良好发展的目标，并可进一步降低自身的担保风险。可见，企业信用体系是否完善以及小微企业相关信息的获取是否便捷等，均会对融资担保效率产生影响。最后，当受保的小微企业违约时，融资担保风险补偿显得尤为关键。这与融资担保风险补偿制度的健全程度密切相关。因此，结合当前融资担保为小微企业提供增信的现状与现有文献研究，选取相应的观测变量，法律制度环境变量参考相关学者考林等（2017）、沈坤荣（2019）的研究，并在此基础上调整设计。最终，江苏小微企业融资担保效率的宏观影响因素量表如表8-2所示。

表 8-2   江苏小微企业融资担保效率宏观影响因素

变量	编码	观测变量	理论依据
经济运行环境	MO1	经济周期波动幅度	王宇伟等；顾海峰；Ughetto et al.
	MO2	技术创新冲击程度	
	MO3	政府的财政补贴	
	MO4	政府对融资担保体系建设的推动力度	
法律制度环境	LS1	融资担保法律法规体系的健全程度	考林等；沈坤荣
	LS2	企业信用体系的完善程度	
	LS3	获取小微企业信息的难易程度	
	LS4	融资担保风险补偿制度的健全程度	

从微观角度看，江苏小微企业融资担保效率的影响因素可以从融资担保公司、小微企业、商业银行三个层面进行划分。在融资担保公司层面，张承慧（2019）认为应当不断加大融资担保产品创新，丰富的担保业务品种有利于满足不同类型的民营企业融资需求；强调融资担保从业人员的专业性影响了银行的合作意愿（Tsolas et al.，2012）；在评级机构对融资担保公司进行测度时，往往需要考虑其股东实力强弱，并且将其前五大客户集中度作为衡量担保资产质量的主要依据；张晓玫等（2016）指出担保公司的风险管理能力与其可持续发展有密切关系。

小微企业往往由于财务制度不健全、信用不足等原因，难以获取商业银行信贷资源。融资担保公司在为江苏小微企业提供担保前，也需要充分衡量企业的信用及经营能力等各个方面，主要参考李新春等（2017）、王宇伟等（2019）的相关观点以及融资担保实践过程中的应用情况，选取小微企业的财务信息健全程度、盈利能力、偿债能力、历史信用记录、核心技术及发展前景五个方面反映其信用及经营能力情况。

商业银行是担保贷款的主要资金来源，融资担保公司能否与商业银行进行长期、良好的合作是融资担保公司可持续发展的关键。并且，信息不对称条件下，逆向选择与道德风险的双重作用影响，使得处于强势地位的商业银行往往对融资担保公司以及小微企业持有十分严格筛选条件。在融资担保公司方面，商业银行对其注册资本、信誉水平等方面的要求较高；在小微企业方面，商业银行对其信用水平、财务状况等更是严格。此外，对于与商业银行长期的合作的融资担保公司而言，相对较低的贷款利率以及相关优惠是十分具有吸引力的。因此，结合商业银行与江苏小微企业融资担保服务现状以及相关学者的观点，选取相应观测变量，变量参考文学舟等（2019）、奥斯曼等（2016）、顾海峰（2018）相关学者的研究。最后，江苏小微企业融资担保效率的微观影响因素量表如表8-3所示。

表8-3 江苏小微企业融资担保效率微观影响因素

变量	编码	观测变量	理论依据
融资担保公司担保能力	FG1	从业人员专业程度与素质水平	张承慧；Tsolas et al.；张晓玫等
	FG2	股东实力强弱程度	
	FG3	风险管理及控制程度	
	FG4	前五大客户集中度	
	FG5	担保业务品种的丰富程度	
小微企业信用及经营能力	PE1	财务信息健全程度	李新春等；王宇伟等
	PE2	盈利能力	
	PE3	偿债能力	
	PE4	历史信用记录	
	PE5	企业核心技术及发展前景	
商业银行合作意愿	CB1	银行与担保公司的合作往来次数	文学舟等；奥斯曼等；顾海峰
	CB2	银行的担保贷款利率及收费情况	
	CB3	银行对担保公司的准入门槛	
	CB4	银行的贷款制度及流程	
	CB5	银行参与融资担保业务的风险分担比	

8.3　融资担保效率影响因素量表前测及最终量表形成

为保证问卷可以充分反映江苏小微企业融资担保效率的影响因素，对江苏省内部分融资担保公司展开了预调研，以提升量表的有效性。在预调研阶段，课题组针对江苏省内 88 家融资担保公司发放问卷，最终收回 76 份，其中有效问卷为 73 份，在预调研的样本中占比 82.9%。

8.3.1　前测量表信度与效度检验

1. 前测量表信度检验

首先对预调研收回的有效问卷中量表数据进行信度分析，即应用 SPSS 软件对于经济运行环境、法律制度环境、融资担保公司担保能力、小微企业信用及经营能力、商业银行合作意愿 5 个影响因素量表进行信度分析。采用 Cronbach's α 系数(以下简称 α 系数) 和校正项总计相关系数（CITC）进行信度分析。如果 α 系数高于 0.8，则说明信度高；若 α 系数在 0.7~0.8 之间，则说明信度相对较好；若 α 系数低于 0.7，则说明信度不佳。CITC 达到 0.5，则表示量表可接受。如果删除某观测变量后整体量表 α 系数增大，则应删除该观测变量。具体前测量表的信度检验结果如表 8-4 所示。

表 8-4　　　　　　　　前测量表信度检验结果

类别	变量	观测变量	各变量的 α 系数	CITC 值	删除该观测变量后的 α 系数	备注
宏观影响因素	经济运行环境	MO1	0.823	0.708	0.716	保留
		MO2		0.649	0.786	保留
		MO3		0.696	0.719	保留
		MO4		0.755	0.736	保留

续表

类别	变量	观测变量	各变量的 α 系数	CITC 值	删除该观测变量后的 α 系数	备注
宏观影响因素	法律制度环境	LS1	0.849	0.698	0.796	保留
		LS2		0.713	0.815	保留
		LS3		0.690	0.718	保留
		LS4		0.725	0.794	保留
微观影响因素	融资担保公司担保能力	FG1	0.871	0.705	0.819	保留
		FG2		0.687	0.814	保留
		FG3		0.694	0.794	保留
		FG4		0.756	0.768	保留
		FG5		0.733	0.775	保留
	小微企业信用及经营能力	PE1	0.811	0.775	0.808	保留
		PE2		0.750	0.759	保留
		PE3		0.698	0.823	保留
		PE4		0.692	0.783	保留
		PE5		0.459	0.858	删除
	商业银行合作意愿	CB1	0.816	0.624	0.819	保留
		CB2		0.735	0.814	保留
		CB3		0.787	0.872	保留
		CB4		0.725	0.745	保留
		CB5		0.442	0.847	删除

由表 8-4 可知，各维度量表的 α 系数均大于 0.70，说明量表信度较好。但是 PE5 和 CB5 的 CITC 值分别为 0.459 和 0.442，均小于 0.50，且删除 PE5 和 CB5 后其各维度的信度均有了明显提高，故删除 PE5 和 CB5 两个题项。为保证删除个别观测变量后的量表整体信度符合要求，进一步对保留下来的观测变量展开信度检验，结果见表 8-5。

表 8 - 5　　　　　　　　　　　修正后量表的信度检验结果

类别	变量	观测变量	各变量 α 系数	CITC 值	删除该观测变量后的 α 系数	备注
宏观影响因素	经济运行环境	MO1	0.823	0.708	0.716	保留
		MO2		0.649	0.786	保留
		MO3		0.696	0.719	保留
		MO4		0.755	0.736	保留
	法律制度环境	LS1	0.849	0.698	0.796	保留
		LS2		0.713	0.815	保留
		LS3		0.690	0.718	保留
		LS4		0.725	0.794	保留
微观影响因素	融资担保公司担保能力	FG1	0.871	0.705	0.819	保留
		FG2		0.687	0.814	保留
		FG3		0.694	0.794	保留
		FG4		0.756	0.768	保留
		FG5		0.733	0.775	保留
	小微企业信用及经营能力	PE1	0.828	0.795	0.829	保留
		PE2		0.801	0.795	保留
		PE3		0.753	0.833	保留
		PE4		0.776	0.821	保留
	商业银行合作意愿	CB1	0.834	0.714	0.862	保留
		CB2		0.796	0.895	保留
		CB3		0.825	0.882	保留
		CB4		0.792	0.804	保留

　　由表 8 - 5 可知，修正后各变量的 α 系数都大于 0.7，且所有观测变量的 CITC 值均大于 0.50。此外，修正后小微企业信用及经营能力和商业银行合作意愿量表的 α 系数分别提高至 0.828 和 0.834，删除其中任一题项后量表内部的一致性并未提升，因此保留剩下的所有题项。

2. 前测量表效度检验

　　信度分析是效度分析的基础，若信度较低，则效度不可能高，且信度高不一定保证效度高。因此，在信度检验之后，进一步进行效度检验分析，以确保最终量表的有效性。在效度检验阶段，首先对各变量进行 Kaiser-Meyer-Olkin（KMO）样本充分性检测和 Bartlett's 球体检验来判断数据是否适合进行因子分析，其次分析各观测变量与因子的对应关系。

（1）KMO 和 Bartlett 检验。在效度分析阶段，当 KMO 值大于 0.9 时为非常适合开展因子分析，处于 0.6 ~ 0.9 之间为比较适合，若小于 0.6 时则表示不适合。Bartlett's 球体检验则用以考察各项间关系数的显著性，如果 Sig < 0.05，则代表具有较好的显著性，即可以开展因子分析。前测量表检验结果显示，KMO 值为 0.842（大于 0.6），Bartlett 球形检验结果显示，Sig 值为 0.000（P < 0.05），符合标准。因此可以认为，江苏小微企业融资担保效率影响因素量表可以进行探索性因子分析。

（2）探索性因子分析。在 KMO 和 Bartlett 检验的基础上对预调研问卷数据进行探索性因子分析，结果如表 8 - 6 所示。

表 8 - 6　　　　　　　　　　预调研的探索性因子分析结果

因子	观测变量	因子				
		1	2	3	4	5
经济运行环境	MO1	0.783				
	MO2	0.759				
	MO3	0.726				
	MO4	0.782				
法律制度环境	LS1		0.825			
	LS2		0.884			
	LS3		0.812			
	LS4		0.852			
融资担保公司担保能力	FG1					0.865
	FG2					0.841
	FG3					0.825
	FG4					0.869
	FG5					0.798

因子	观测变量	因子				
		1	2	3	4	5
小微企业信用及经营能力	PE1				0.838	
	PE2				0.796	
	PE3				0.824	
	PE4				0.871	
商业银行合作意愿	CB1			0.827		
	CB2			0.799		
	CB3			0.851		
	CB4			0.826		
特征值		1.863	2.185	2.682	1.824	1.536
累积方差解释率（%）		17.159	36.586	49.991	63.896	77.559

由表 8－6 可知，探索性因子分析共提取 5 个特征值大于 1 的因子，与理论模型相一致。同时探索性因子分析的累积方差解释率达到了 77.559%，累积贡献率在 60%～80% 之间便可以认为量表的观测变量可以较好地解释原有问题。并且，各个变量的因子载荷在所属因子中均大于 0.5，不存在某一变量自成一个因子的现象，表明各个因子具有较好的内部一致性，即不需要进行进一步删除，因此保留所有题项。

8.3.2　最终量表的形成

通过对预调研收回的数据应用 SPSS 软件进行信度和效度检验之后，删除了分析效果不佳的个别题项，即前测量表的 PE5 和 CB5 题项，删除后得到最终正式量表。该量表由经济运行环境、法律制度环境、融资担保公司担保能力、小微企业信用及经营能力、商业银行合作意愿 5 个影响因素变量构成，同本章第一节所建立的理论模型相匹配，具体最终量表见表 8－7。

表 8 - 7   江苏小微企业融资担保效率影响因素最终量表

类别	变量	编码	观测变量
宏观 影响 因素	经济运行环境	MO1	经济周期波动幅度
		MO2	技术创新冲击程度
		MO3	政府的财政补贴
		MO4	政府对融资担保体系建设的推动力度
	法律制度环境	LS1	融资担保法律法规体系的健全程度
		LS2	企业信用体系的完善程度
		LS3	获取小微企业信息的难易程度
		LS4	融资担保风险补偿制度的健全程度
微观 影响 因素	融资担保公司 担保能力	FG1	从业人员专业程度与素质水平
		FG2	股东实力强弱程度
		FG3	风险管理及控制程度
		FG4	前五大客户集中度
		FG5	担保业务品种的丰富程度
	小微企业信用 及经营能力	PE1	财务信息健全程度
		PE2	盈利能力
		PE3	偿债能力
		PE4	历史信用记录
	商业银行 合作意愿	CB1	银行与担保公司的合作往来次数
		CB2	银行的担保贷款利率及收费情况
		CB3	银行对担保公司的准入门槛
		CB4	银行的贷款制度及流程

8.4 融资担保效率影响因素最终量表分析及相关性检验

正式调研的数据主要是通过笔者课题组对江苏省部分融资担保公司展开的分批调研获取。在江苏全省的融资担保公司中，本书调研的融资担保公司为224家，占比高达80.5%，涵盖了江苏省内绝大部分的融资担保公司。调研回

收问卷 208 份，剔除填写不完整和有明显不实信息的问卷后，共有有效问卷
190 份，问卷有效程度占比 91.35%。其中，政策性、商业性融资担保公司问
卷分别为 139 份、51 份，分别占比 73% 和 27%，接近江苏省融资担保公司的
实际分布情况。① 有效问卷中，最早成立的融资担保公司成立时间为 1999 年，
最晚成立时间为 2017 年。

　　为确保实证分析结果的可靠性，首先对正式调研所收回的数据展开信度和
效度检验，为研究江苏不同模式融资担保公司为小微企业提供担保效率的影响
因素，需对其进行相关性检验。

8.4.1　信度与效度分析

1. 信度分析

　　与前测量表进行的效度检验一致，正式调研的信度检验阶段依旧采用
Cronbach's α 系数和校正项总计相关系数（CITC）进行判定，正式量表信度分
析结果如表 8 - 8 所示。

表 8 - 8　　　　　　　　　　　　量表信度分析结果

类别	变量	观测变量	Cronbach's α 系数	CITC 值
宏观影响因素	经济运行环境	MO1	0.835	0.682
		MO2		0.655
		MO3		0.701
		MO4		0.756
	法律制度环境	LS1	0.838	0.658
		LS2		0.706
		LS3		0.684
		LS4		0.768

---

　　① 2018 年 5 月，江苏省经济和信息化委员会发布了《江苏省融资担保公司名录》，全省获得经营
许可的融资担保公司共 278 家（含 40 家分公司），并且全省的政策性和商业性融资担保公司占比约为
3∶1。

类别	变量	观测变量	Cronbach's α 系数	CITC 值
微观影响因素	融资担保公司担保能力	FG1	0.882	0.714
		FG2		0.75
		FG3		0.667
		FG4		0.716
		FG5		0.788
	小微企业信用及经营能力	PE1	0.851	0.767
		PE2		0.821
		PE3		0.754
		PE4		0.757
	商业银行合作意愿	CB1	0.809	0.788
		CB2		0.802
		CB3		0.714
		CB4		0.784

由表 8-8 可知，各观测变量的 CITC 值均大于 0.5，表示量表可接受。五个变量的 Cronbach's α 值均大于 0.8，表明信度相对较好。因此可以认为，经济运行环境、法律制度环境、融资担保公司担保能力、小微企业信用及经营能力、商业银行合作意愿五组变量均具有较好的内部一致性，量表整体具有较好的可靠性、有效性。

2. 效度分析

常用的效度指标包括内容效度和结构效度。由于该量表是在综合专家访谈的实践调研和借鉴现有文献的理论研究基础上，经过多轮研讨反复筛选和修正得出，达到了内容效度基本要求。关于结构效度，则选用探索性因子分析进行检验。首先，当 KMO 值高于 0.70，而且 Bartlett's 球形检验显著时（P<0.05），才可以进一步开展因子分析。运用 SPSS 软件对正式调研采集的数据进行 KMO 检测和 Bartlett's 球形检验，具体结果如表 8-9 所示。

表 8 – 9   量表的 KMO 和 Bartlett's 检验结果

变量	KMO	Bartlett 球形检验		
		Approx. Chi-Square	df	Sig
经济运行环境	0.758	189.514	4	0.000
法律制度环境	0.729	196.713	4	0.000
融资担保公司担保能力	0.733	171.074	5	0.000
小微企业信用及经营能力	0.821	273.887	4	0.000
商业银行合作意愿	0.735	185.547	4	0.000

由表 8 – 9 可知，经济运行环境、法律制度环境、融资担保公司担保能力、小微企业信用及经营能力、商业银行合作意愿五组量表的 KMO 值均大于 0.6，属于可接受范围，同时 Bartlett 的球形度检验的 Sig 值均为 0.000（P < 0.05），因此该组数据适合进行探索性因子分析。正式调研所获数据进行的探索性因子分析结果如表 8 – 10 所示。

表 8 – 10   探索性因子分析结果

变量	观测变量	因子				
		1	2	3	4	5
经济运行环境	MO1	0.716				
	MO2	0.749				
	MO3	0.735				
	MO4	0.718				
法律制度环境	LS1		0.818			
	LS2		0.895			
	LS3		0.815			
	LS4		0.861			

变量	观测变量	因子				
		1	2	3	4	5
融资担保公司担保能力	FG1					0.891
	FG2					0.818
	FG3					0.799
	FG4					0.816
	FG5					0.825
小微企业信用及经营能力	PE1				0.816	
	PE2				0.811	
	PE3				0.715	
	PE4				0.818	
商业银行合作意愿	CB1			0.795		
	CB2			0.758		
	CB3			0.805		
	CB4			0.825		
特征值		1.841	2.258	2.361	1.296	1.851
累积方差解释率（%）		16.111	34.557	48.247	64.369	77.564

由表 8 – 10 可知，运用主成分法从江苏小微企业融资担保效率影响因素量表 21 个观测变量中提取出了五个因子，特征值均大于 1，各变量提取的所有因子共解释了总体量表的 77.564%，可以认为量表的观测变量可以较好地解释原有问题。并且，各变量所有观测变量的因子载荷均高于 0.60，因此，可以认为最终量表达到了相应统计要求，各部分的内部结构良好。

8.4.2　相关性检验

在进行多元回归分析之前，需要对经济运行环境、法律制度环境、融资担保公司担保能力、小微企业信用及经营能力、商业银行合作意愿五组量表进行相关性检验。相关性检验的方法众多，最常见的为 Pearson 相关系数检验。为实现多元回归分析的顺利进行，对正式调研所获取的数据进行 Pearson 相关性检验，结果见表 8 - 11。

表 8 - 11　　　　　　　　　　各自变量间的相关系数

变量	MO	LS	FG	PE	CB
MO	1. 000000	- 0. 169524	0. 156413	0. 069412	0. 365510
LS	- 0. 169524	1. 000000	0. 339869	0. 511237	0. 466121
FG	0. 156413	0. 339869	1. 000000	0. 148853	- 0. 502881
PE	0. 069412	0. 511237	0. 148853	1. 000000	0. 229341
CB	0. 365510	0. 466121	- 0. 502881	0. 229341	1. 000000

表 8 - 11 中，MO 表示经济运行环境，LS 表示法律制度环境，FG 表示融资担保公司担保能力，PE 表示小微企业信用及经营能力，CB 表示商业银行合作意愿。除了较少的个别变量间相关性大于 0. 5 外，其他都低于 0. 5，说明各自变量间相关性较低，适合进行多元回归分析。

8.5　小微企业融资担保效率的影响因素回归分析

通过对正式调研所获取的数据进行信度与效度分析及相关性检验之后，进一步对政策性和商业性两种模式的融资担保公司为江苏小微企业提供担保的效率的影响因素进行回归分析，探讨各宏观微观因素对江苏不同模式融资担保公司担保效率的影响方向及影响程度。

8.5.1　不同模式融资担保公司担保效率的影响因素回归分析

1. 政策性融资担保公司担保效率的影响因素回归分析

以 Tobit 回归模型研究江苏不同模式融资担保公司为小微企业提供担保的

效率的影响因素，构建的模型如式（8－5）所示：

$$GE_i = c_i + \beta_1 MO + \beta_2 LS + \beta_3 FG + \beta_4 PE + \beta_5 CB + \varepsilon_i \qquad (8-5)$$

式（8－5）中，i 表示第 i 家融资担保公司，ε_i 表示残差。GE 表示融资担保效率，即 DEA 测度的综合技术效率，MO 表示经济运行环境，LS 表示法律制度环境，FG 表示融资担保公司担保能力，PE 表示小微企业信用及经营能力，CB 表示商业银行合作意愿。

运用 SPSS 软件对正式调研所获取的政策性融资担保公司影响因素的相关数据进行分析，江苏省政策性融资担保公司担保效率的影响因素回归分析结果见表 8－12。

表 8－12 　　　　政策性融资担保公司担保效率影响因素的 **Tobit** 回归结果

EV	Coef.	Std. Err.	z	P > │z│	［95% Conf. Interval］	
MO	0. 368583	0. 000338	0. 030000	0. 002542	0. 000457	0. 000243
LS	0. 245571	0. 078323	2. 130000	0. 014524	0. 245702	0. 012528
FG	0. 380887	0. 021881	4. 425000	0. 000001	0. 003551	0. 014649
PE	0. 002554	0. 002146	2. 178000	0. 092101	0. 002298	0. 042181
CB	0. 016213	0. 034524	3. 231451	0. 125875	0. 237447	0. 693717
$\_CONS$	0. 572638	0. 051524	8. 248654	0. 000300	0. 438174	0. 780719

注：Coef. 代表系数估计值，正数意味着正相关，负数则为负相关，系数的绝对值越大则影响程度越大；Std. Err. 代表标准误差；［95% Conf. Interval］代表置信区间；$\_CONS$ 为常数项，下同。

由表 8－12 可知，小微企业信用及经营能力（PE）、商业银行合作意愿（CB）的系数估计值分别为 0. 002554 和 0. 016213，表明小微企业信用及经营能力、商业银行合作意愿与政策性融资担保公司的担保效率呈现正相关关系，但从 P 值结果看，未通过 95% 的显著性检验，因此假设 8－4a 和假设 8－5a 不成立。经济运行环境（MO）、法律制度环境（LS）、融资担保公司担保能力（FG）的系数估计值分别为 0. 368583、0. 245571 和 0. 380887，表明经济运行环境、法律制度环境、融资担保公司担保能力与政策性融资担保公司的担保效率呈现正相关关系，且均通过了 95% 的显著性检验，因此假设 8－1a、

假设 8 - 2a 和假设 8 - 3a 成立。

2. 商业性融资担保公司担保效率的影响因素回归分析

同样应用 SPSS 软件对正式调研所获取的商业性融资担保公司影响因素的相关数据进行分析，其影响因素的回归分析结果见表 8 - 13。

表 8 - 13　　商业性融资担保公司担保效率影响因素的 Tobit 回归结果

EV	Coef.	Std. Err.	z	P > | z |	［95% Conf. Interval］	
MO	0. 455851	0. 002452	0. 045367	0. 000478	0. 000125	0. 030875
LS	0. 245874	0. 024523	2. 124012	0. 012454	0. 125424	0. 057575
FG	0. 165388	0. 024441	4. 424257	0. 001401	0. 424441	0. 014559
PE	0. 005325	0. 022142	2. 172452	0. 182535	0. 000527	0. 006472
CB	0. 364782	0. 024814	3. 414251	0. 045855	0. 200047	0. 610417
_CONS	0. 542752	0. 054522	8. 242854	0. 005325	0. 125625	0. 724475

由表 8 - 13 可知，小微企业信用及经营能力（*PE*）的系数估计值是 0.005325，表明小微企业信用及经营能力与政策性融资担保公司的担保效率呈现正相关关系，但从 P 值结果看，未通过 95% 的显著性检验，因此假设 8 - 4b 不成立。经济运行环境（*MO*）、法律制度环境（*LS*）、融资担保公司担保能力（*FG*）、商业银行合作意愿（*CB*）的系数估计值分别为 0.455851、0.245874、0.165388 和 0.364782，表明经济运行环境、法律制度环境、融资担保公司担保能力、商业银行合作态度与政策性融资担保公司的担保效率呈现正相关关系，且均通过了 95% 的显著性检验，因此假设 8 - 1b、假设 8 - 2b、假设 8 - 3b 和假设 8 - 5b 成立。

8.5.2　江苏小微企业融资担保效率的影响因素实证结果分析

经过三阶段 DEA - Tobit 模型的实证分析可以发现，江苏小微企业融资担保效率有待提升，相较于政策性融资担保公司，商业性融资担保公司为小微企业提供增信的效率值较高，这与二者受到的主要影响因素不同有关，因此需要进一步对影响因素的回归分析结果进行深入探讨。

1. 宏观影响因素对江苏小微企业融资担保效率影响的结果分析

经济运行环境和法律制度环境均对政策性和商业性融资担保公司为江苏小微企业提供担保的效率产生了显著影响，且通过表8-12和表8-13中的系数值可以发现，相比于法律制度环境的影响，经济运行环境对融资担保效率的影响程度更大。这一实证结果说明，在宏观环境层面，有效改善经济运行环境是提升融资担保效率的首要任务。经济周期波动及技术创新冲击幅度直接对江苏小微企业的经营状况产生作用，进而影响融资担保公司的主营业务量以及代偿情况。政府极力推动融资担保体系建设，不断丰富资金支持方式和扩大资金支持规模，如财政补贴、业务奖励等，增强了融资担保公司资金实力，并且政府的有效监管是维持融资担保行业可持续发展的保障，以此提升了融资担保效率。此外，对比表8-12和表8-13中经济运行环境（*MO*）的影响系数可以发现，相比于政策性融资担保公司，经济运行环境对商业性融资担保公司为江苏小微企业提供担保的效率的影响程度更大。因此，商业性融资担保公司对经济运行环境的依赖性较大，更需要在经济运行环境较好的地区发展。

法律制度环境对江苏小微企业融资担保效率产生了显著的正向影响，主要体现在融资担保法律法规可以有效规范融资担保行业各主体的行为决策。并且，完善的信用体系、征信系统以及合理的融资担保风险补偿制度有效提升了融资担保公司的盈利性与安全性。将表8-12和表8-13中法律制度环境（*LS*）的影响系数对比可知，法律制度环境对政策性和商业性融资担保公司的效率值影响差异不大。因此，相关政府部门应着重针对经济运行环境，对不同模式融资担保公司实行差异化扶持策略。

2. 微观影响因素对江苏小微企业融资担保效率影响的结果分析

融资担保公司担保能力对江苏小微企业融资担保效率产生了显著的正向影响，且由表8-12和表8-13中融资担保公司担保能力（*FG*）的影响系数可知，其对政策性融资担保公司的影响程度更大。融资担保公司作为银企合作的桥梁，以其自身的资本作为基础信用，通过融资担保增信机制对小微企业实现信用增级，加之专业技术能够有效发现并控制融资担保业务风险，可有效降低小微企业发生违约的概率。此外，融资担保公司客户集中度较大，与企业的合作更加密切，可降低信息收集成本与自身运营风险。相比于商业性融资担保公司，政策性融资担保公司更多追求社会效益，即需要为更多的小微企业提供增信，不断加大融资担保业务量。因此，融资担保公司担保能力对政策性融资担保效率的影响程度更大。

小微企业信用及经营能力对政策性和商业性融资担保公司支持江苏小微企业融资的效率均未产生显著的正向影响，主要原因如下：由于江苏小微企业缺少完善的财务体系、信用信息不透明等因素，在信息不对称条件下，融资担保公司需要投入大量的人力、物力、财力分析小微企业现状，为发展前景较好、资质较高的企业提供融资担保增信（蒋海芸，2020；何玲等，2020）。但这一行为往往加大了融资担保投入，并因此削弱了小微企业信用及经营能力对融资担保效率的影响程度。此外，小微企业通过融资担保扶持获得贷款之后，其盈利能力不佳或偿债能力欠缺将加剧其违约概率，增加了融资担保公司代偿成本，以此降低了融资担保效率。

商业银行合作意愿对商业性融资担保公司为江苏小微企业融资的效率产生了显著的正向影响，但对政策性融资担保公司的正向影响未通过显著性检验。针对不同规模以及不同实力的融资担保公司，商业银行会在合作门槛、风险分担比例、交易成本等方面采取差异化合作态度，进而影响融资担保效率。根据信号传递与资信测度理论，由政府出资成立的政策性担保公司往往更受到商业银行的青睐，以实现风险最小化，因此弱化了商业银行合作意愿对政策性融资担保效率的影响程度。相比于政策性融资担保公司，商业性融资担保公司自身风险较高，在与商业银行的合作中更加缺乏可依赖性，故商业银行合作意愿对商业性融资担保效率的影响更为显著。

3. 影响江苏不同模式融资担保公司担保效率的主要因素对比分析

经过 Tobit 回归分析可知，政策性融资担保公司担保效率有 3 个影响因素通过了显著性检验，分别为：经济运行环境、法律制度环境、融资担保公司担保能力。商业性融资担保公司担保效率有 4 个影响因素通过了显著性检验，分别为：经济运行环境、法律制度环境、融资担保公司担保能力、商业银行合作意愿。

对于政策性融资担保公司的担保效率，影响程度最大的为融资担保公司担保能力，经济运行环境次之，然后为法律制度环境。可见，不断加强融资担保公司担保能力是提升江苏政策性融资担保效率的关键所在。政策性融资担保公司以有限的资源为小微企业增信，提升担保总额以追求社会效益是其主要目的。因此，着重加强政策性融资担保公司担保能力，以逐步增加担保主业并实现可观的放大效应，是提升其融资担保效率的核心。

对于商业性融资担保公司的担保效率，经济运行环境对其影响程度最大，其后的顺序为商业银行合作意愿、法律制度环境、融资担保公司担保能力。商业性融资担保公司以盈利为目的，不断追求经济效益以满足自身发展需求，良好的经济运行环境可较好地促进融资担保业务的发生，并有效提升商业性融资担保公司的盈利性（陈琳等，2020；丁晓丽，2019）。因此，经济较为发达的地区适合于商业性融资担保公司的生存与发展。

8.6　本章小结

本章首先构建江苏小微企业融资担保效率影响因素理论模型，提出研究假设并设计相关指标体系；其次，在江苏省范围内进行了预调研，经过信度与效度检验剔除部分指标，以确定最终量表；再次，针对正式调研收回的 190 份江苏省融资担保公司数据进行信度效度分析以及相关性检验；最后，应用 Tobit 回归模型，对江苏不同模式融资担保公司为小微企业提供担保的效率的宏微观影响因素进行实证分析，探讨各宏观微观影响因素对政策性和商业性融资担保公司担保效率的影响方向及影响程度。实证结果分析表明，不断加强融资担保公司担保能力是提升江苏政策性融资担保效率的关键所在，良好的经济运行环境可较好地促进融资担保业务的发生，并有效提升商业性融资担保公司的盈利性。

第9章　提升小微企业融资担保服务质效的对策建议

9.1　小微企业融资担保服务质量的提升策略

本节立足于实证分析和理论分析的结果，从融资担保内部和外部两方面提出相应的对策措施。

9.1.1　提升各类融资担保的服务质量

由前文可知，对"同一类型、不同维度"的融资担保服务分析可知，不同类型的融资担保服务的问题凸显在不同的维度上，因此本节将对不同类型的融资担保服务设计不同的服务质量提升策略。

1. 提高政策性融资担保服务的响应速度

政策性融资担保公司的响应速度无法达到小微企业的要求，因此政策性融资担保公司需建立高效的审批流程，提高贷前担保服务速度。首先，政策性融资担保公司需优化工作流程，强化审核流程的焦点，去除功能重复或不必要的环节，构建高效简洁的审核模式。其次，政策性融资担保公司还需建立多专业、高水平的人才考察团队，减少由于相关专业人员缺乏而导致的业务考察拖延问题，提升项目审批的速度。最后，融资担保公司可利用先进的互联网等技术，构建科学合理的风险预警模型，为项目审核考察团队提供直接、客观的风险指数，提高担保公司的决策效率，减少小微企业的等待时间。

2. 增强商业性融资担保服务小微企业的意识

商业性融资担保服务在满足小微企业融资需求的能力较低，因此商业性融资担保公司需提升其服务小微企业的意识，满足小微企业的融资需求。首先，政府等相关部门应对商业性融资担保公司设立服务需求的基本条件，用制度来提升担保服务的覆盖面，以政府公信力保证商业性融资担保需求的落实。其次，商业性融资担保公司需加强从业人员的资格审查，同时规范担保的操作程序，保证人员的专业性和服务的规范性，以此来明确定位担保体系的服务功能，为小微企业融资做出应有的贡献（文学舟等，2021；樊娅，2018）。最后，商业性融资担保公司可设立专人专项作业的方法，设立业务评价制度，将小微企业的反馈的意见及对相关人员的评价纳入绩效考核指标，以提升担保业务人员的服务水平。

3. 持续充实互助性融资担保实力

互助性融资担保公司在银行的信用不足、担保实力受到银行质疑，导致其仍需向银行提供一定数量的抵质押品，因此，互助性融资担保公司应提升自身的担保实力，提高银行的认可度。首先，互助性担保公司可以扩大集群种类，以多集群、高服务的特点号召更多企业加入互助性融资担保公司，提高担保注册资本金，获得银行认可。其次，可以依靠政府出资、信度高、风控能力强的国家级和省级两级再担保体系，通过两级再担保强化银行对互助性担保的信任。最后，互助性融资担保公司需加强准入管理，对申请加入的企业从自身经营情况到行业前景进行严格审查，同时与银行建立长效信息共享机制，定期披露企业的经营情况，银（行）担（保公司）企（业）之间信息公开透明，可以更好地减少小微企业融资约束。

9.1.2 提升融资担保服务各维度的服务质量

1. 规范政策性融资担保服务的标准

在保证性维度上，政策性融资担保服务的完成度低于商业性融资担保服务，因此，政策性融资担保服务需对自身的流程、规范进行修改调整，同时为小微企业开辟更多的融资渠道。首先，融资担保公司可参照国内外成熟的融资担保公司的申请流程和考察标准，对自身标准进行查漏补缺；此外，融资担保公司还需对小微企业进行定期调查，了解小微企业在流程规范性上的相关需求和建议，对整体的流程进行升级优化。其次，随着金融科技的兴起，融资担保公司还应当在传统金融之外，为小微企业争取互联网金融的融资支持，拓宽小微企业的融资渠道，提升小微企业对融资担保服务的信心。最后，持续保证融资担保服务人员的专业性，使得融资担保公司能满足不同类型小微企业融资项目的需求，让更多的小微企业可以享受普惠金融带来的融资便利。

2. 提升商业性融资担保代偿的及时性

在响应性维度上，商业性融资担保服务的表现逊于政策性融资担保服务，而其中最关键的因素在于商业性融资担保服务代偿及时性无法满足小微企业的需求。首先，商业性融资担保公司可通过增加自身的注册资本金来壮大担保代偿的实力，融资担保公司可完善相关股东出资制度，定期注入资金，扩大担保的注册资本金。其次，政府也应完善对商业性融资担保的支持力度，为经营业绩良好的融资担保公司适当注资或引入民间资本，同时完善风险补偿制度，为优秀的融资担保公司提供一定数量的风险补偿金，保证商业性融资担保公司自身经营的同时，也可促进融资担保行业的可持续发展。再次，商业性融资担保公司也可寻求政府帮助，通过兼并重组的方式增加担保实力。最后，商业性融资担保公司还需衡量自身的担保实力，为小微企业提供力所能及的担保服务，避免使小微企业产生不良的征信记录。

3. 关注商业性融资担保服务的专业性

在可靠性维度上，小微企业对商业性融资担保服务抱有较高的期望，但商业性融资担保服务并没表现出较高的完成度，主要体现在融资担保服务人员的态度、细节的协商以及担保的需求满足度上，因此，商业性融资担保公司需关注其专业服务的提供，成为小微企业融资过程中可靠的助手。首先，融资担保公司需组建专业化团队，并进行业务培训和行业内交流，保证团队运作的专业性。其次，融资担保公司需对担保条件进行明文规定，并且保证信息的透明度，使得小微企业在担保细节上可以做到提前知晓，减少业务往来中的细节上的重复协商，提高融资担保公司与小微企业之间的协商效果。最后，商业性融资担保公司需积极开发新的担保产品，顺应小微企业的实时要求，适当对现有融资担保产品进行调整，满足不同小微企业的担保需求。

4. 优化政策性融资担保与银行的合作效果

在便捷性维度上，政策性融资担保服务的效果低于商业性融资担保服务的效果，因此政策性融资担保公司需提升其便捷性，提高小微企业的融资效率。首先，政策性融资担保公司应拓宽反担保品的方式，除一般的房产、土地等不动产抵押和机器设备、车辆等动产抵押外，还应当创新反担保的方式，如依靠小微企业所处供应链的位置，由供应链上的其他信用较好、资金实力较强的企业提供信用反担保，解决部分小微企业反担保品不足的问题。其次，融资担保公司还应当与银行加强合作，建立银担联动机制，保证小微企业在完成与担保公司的合作后，可以在短时间内获得银行的贷款，如专人对接银担合作及贷款发放相关事项，或共同构建信息流通平台，加强信息沟通，促进三方合作。如宁波财政推出了"财政＋担保＋银行"的"微担通"融资工具，财政资金兜底，政策性融资担保公司免费担保，激励银行为复工复产的小微企业"输血"，通过线上平台审批放款，强化了银担合作效果，提高了贷款效率。[①] 最后，银行等金融机构也应当综合考虑小微企业的情况以及担保公司的资金实力，合理评估小微企业项目的盈利情况和偿债能力，为有实力的小微企业减少融资约束。

9.1.3　强化各类融资担保服务对小微企业的关怀程度

在关怀性维度上，政策性融资担保服务贯彻国家扶持小微企业的政策效果更为明显，但小微企业对商业性融资担保服务为其减少融资成本的程度更为关注，因此，商业性融资担保公司应当着力为减少小微企业融资成本而努力。首

---

① 资料来源：《首创"财政＋担保＋银行"模式 宁波财政金融再出新招》，宁波日报，http：//gtob. ningbo. gov. cn/art/2020/3/29/art_249_1046759. html，2020 年 3 月 29 日。

先，商业性融资担保公司需合理控制自身的担保费率，在保证自身可运作的情况下，为小微企业减少基础性的融资成本，如在 2020 年全年对小微企业减半收取融资担保、再担保费，力争将小微企业综合融资担保费率降至 1% 以下，[①]商业性融资担保服务也应以此为参照。其次，商业性融资担保公司可在担保服务之外，附有关企业运营咨询等额外服务，使小微企业获得更多的用户感知，间接减少企业的融资成本。最后，所有类型融资担保公司可将小微企业进行分类合作，优质企业可以获得融资担保公司更多的担保支持，更优惠的担保费率，使得小微企业的融资成本进一步减少。

9.1.4　提高各参与主体提升融资担保服务质量的积极性

由前文的博弈分析可知，小微企业、政府和行业内其他融资担保公司均对融资担保服务质量的提升起着关键作用，所以将从其他主体的角度为提高融资担保服务质量提出建议。

1. 减少融资担保行业提供高质量服务的成本

融资担保公司提供不同质量服务时的收益和成本是影响融资担保服务质量选择的关键，因此，融资担保公司应当提高自身的盈利能力，控制服务成本。首先，融资担保公司应实施多元化经营战略，扩大担保业务量，针对小微企业的融资需求特点，有针对性地开发产品，如绿色担保、零售担保等，同时将融资担保业务与其他经济工具结合增加收益，建立持续盈利模式。其次，利用"互联网＋"等技术的发展，通过线上线下相结合的方式开展业务，扩大业务触角，增加盈利，同时线上模式可以减少信息不对称的情况，掌握小微企业的"软信息"，可有效减少融资担保公司的服务成本，提高服务质量。最后，融资担保公司间可形成联合担保的形式，用足担保放大倍数内的资金额度，借此提高盈利能力。

---

① 文件来源：《关于充分发挥政府性融资担保作用 为小微企业和"三农"主体融资增信的通知》，财政部，http：//www.gov.cn/zhengce/zhengceku/2020 - 04/01/content_5498050.htm，2020 年 3 月 27 日。

2. 鼓励小微企业形成主动维权意识

低质量的融资担保服务被识别的概率、小微企业接受高质量服务带来的收益影响着融资担保公司的行为决策，因此小微企业从自身利益出发，应当形成主动维权的意识，保障自身利益。首先，小微企业应向相关监管部门积极反映提供低质量服务的融资担保公司，确保融资担保市场的服务质量。其次，小微企业间可联合成立融资信息共享平台，各融资担保公司可在该平台上发布相关信息，包括产品、费率等，同时小微企业亦可对提供服务的融资担保公司进行评价，评价结果亦可被其他企业看到，提高低质量融资担保服务被识别的概率，以此来约束融资担保公司提供服务的质量。

3. 加大政府监管力度

政府的监管成本和罚金收入对融资担保服务质量产生影响，因此加大政府的监管力度，可迫使融资担保公司提供高质量的融资担保服务。首先，政府可形成不定期抽检、定期审核的监管模式，对融资担保公司进行月度或季度的审核，着重了解融资担保服务的覆盖面和政策指标的完成度，辅以不定期的抽检，保证融资担保公司提供持续稳定的高质量服务。其次，政府需加大对低质量融资担保公司的罚金，并严格融资担保市场的准入标准，同时加大对高质量融资担保公司的奖励，明确的奖惩制度可在制度上保证当地融资担保市场高质量服务。最后，帮助小微企业提高谈判能力，小微企业在融资担保过程中处于劣势地位，政府应当鼓励小微企业积极反映融资担保市场的现状，帮助小微企业提高与担保公司谈判的能力，进而使得小微企业获得高质量的融资担保服务。

9.2 小微企业融资担保服务有效性的提升策略

基于前面几章的调查及实证分析，结合最新国家担保政策及文献观点，从融资担保公司、商业银行、主管部门、小微企业几个方面，提出提升融资担保服务有效性的以下策略。

9.2.1　增强融资担保公司财务实力和业务能力

1. 拓宽资本来源渠道

实证分析结果显示，注册资本偏少限制了融资担保业务规模，减弱了扶助小微企业融资的能力。应采取多种途径增加融资担保公司的注册资本规模。一是完善融资担保公司既有股东出资制度，规定股东应具备持续出资能力，以满足后期经营过程中的资金需求。二是在完善出资制度的基础上，发挥主管部门的支持作用，大力发展政府支持的融资担保公司，以获得各级财政部门拨款、国有（大型）企业注资等的支持。三是积极寻求新三板挂牌等方式广泛吸纳民间资本，增强资本实力。如广东省地市政策性融资担保机构的股权结构采用财政出资并引入省再担保公司、社会资本参股的 PPP 模式，兼具政府的信用和资源优势，以及民间资本导入的效率和创新能力优势。PPP 模式的政策性融资担保机构的股权结构以政府为主，社会资本作为重要补充。

2. 健全资金补偿机制

在保证充足的注册资本之外，融资担保公司还应该随市场需求的变化和规范化发展及时定期增资，充分适应小微企业融资担保市场环境的变化。目前，部分地区已建成融资担保代偿补偿资金池，并建立了"合作担保机构—省信用再担保集团—国担基金"的三层风险分担机制，对与国家融资担保基金合作的再担保业务，"资金池"将按照再担保机构代偿金额的一定比例予以补偿。关于融资担保代偿补偿资金池的管理，具体给出以下几点建议：首先，建立持续出资制度，首次出资后根据现实需求及时增资或寻找新的投资者扩充资本金；其次，合理投资高信用级别的国债、有较大升值潜力的项目，扩大资本增值空间；最后，充分发挥担保资金使用价值，扩大担保实际放大倍数。

3. 创新担保业务品种

前文实证分析结果表明，担保产品丰富程度会影响小微企业融资担保有效性。

一方面，应巩固融资担保主营业务专业化、差异化发展。融资担保公司应依据小微企业"短小频急"的资金需求特点以及专精特新发展道路，制定针对性强、多样化的担保产品，开发小微企业融资担保服务的配套产品，如绿色担保、科技担保产品等，以满足新时代小微企业在转型发展趋势下衍生出的新型融资担保需求。如2021年5月，江苏省苏州市首单依托政府性融资担保的供应链票据业务成功落地，通过将政府性融资担保业务范围扩大到供应链票据领域，可有效降低全链企业融资成本，推动产业链协同发展。另一方面，融资担保公司还应合理开展多元化经营。在融资担保主营业务做大做强的基础上，还可以创新担保业务，通过融资担保业务与其他经济工具结合而将担保与投资结合，从而增加收益，建立持续盈利模式，一定程度上对冲主营业务代偿风险。

4. 提升风险管理水平

风险控制是影响小微企业融资担保有效性的关键因素，应健全风险控制机制，提升风险管理水平。结合实证分析结果以及江苏省融资担保业务实践，提出以下几点具体的建议。

首先，规范融资担保公司运营制度建设，确保合法合规经营。其次，风险控制机制应贯穿担保流程始终，进行事前甄别与评估，强化事中控制与纠偏，强化事后追偿管理工作。保前对申请担保的小微企业的出资状况、偿债及盈利能力、发展能力等进行全面评估，保中可对企业开展实地调研、反担保抵押物检查、报表追踪审核及贷后资金去向调查，事后若需代偿，应妥善处理好企业抵押的反担保资产，或向其行使追偿权，以降低自身损失。再次，应将多种风险控制措施制度化，丰富风险控制手段。最后，要完善反担保体系，加强担保行业风险管理。主要反担保措施有：抵押反担保、质押反担保、企业或个人保证反担保等。

5. 培育从业人员素质

融资担保公司应引进专业人员，并积极组织现有人员进行业务技能培训，定向培养一些担保专业人才，从仅重视选人向选人、育人、留人的人才持续管理模式发展，增强业务团队实力。具体而言，一是要充分利用好高校的教育资源，培养信用担保专业人才。国务院学位办和教育部可以考虑批准相关高等院校开设信用担保相关专业并准予招生，利用高校的资源进行担保人才的培养。二是应当充分发挥各地信用担保协会的作用，经常举办各类担保人才培训班，既要组织高管培训班又要覆盖基层业务人员，及时了解信用担保法律法规，不断提高信用担保业务水平。三是健全考评、激励等人力资源制度维持专业人才的稳定性。

9.2.2　改善银行合作态度和银担合作机制

1. 降低担保准入门槛

首先，银行应加深与融资担保公司的合作，主动在授信倍率、保证金比率、资金门槛以及其他合作业务上为其提供更多的便利。如借鉴广东等地经验，对地市担保公司免收保证金或风险准备金，给予融资担保公司较长的代偿宽限期，缩小融资担保公司的担保范围，不承担逾期利息、罚息等。其次，银行应将对融资担保公司的考察重点锁定在经营管理水平，风险控制水平等实际担保业务操作能力上，避免"一刀切"的做法把真正以融资担保为主业的优质担保公司排除在外。最后，银行应放大担保比例，降低利率，开通小微企业融资担保业务绿色通道，降低信誉良好的融资担保公司的保证金比例。

2. 落实合理的银担风险分担机制

首先，银行应注重长远利益，积极与担保公司协调双方的风险责任，就风险责任的分担标准达成共识，如银行可承担 20% ~ 30% 的风险，同时融资担保公司保留对受保企业的永久追索权。其次，应充分发挥银行在大数据等金融科技方面的优势，向优质融资担保公司开放企业信用查询等便利，做好信息互通共享，有效防控风险。再次，政府应明确融资担保公司承担风险的合理比例，并根据区域差异、经营规模、担保模式、业绩差异等划分梯度，在规定范围内实施浮动管理制。最后，各地应根据实情打造适合自身的特色风险分担模式。如安徽"4321"政银担风险分担模式、四川"451 – G"政银担合作模式，再如南京市担保主管部门积极开展的融资担保风险分担首批试点工作，对于单户在保余额 500 万元及以下的小微企业、"三农"项目贷款担保代偿，由担保机构、省再担保南京分公司、合作银行、市级财政分别按照 50%、20%、15%、15% 的比例，共同承担贷款本金代偿责任。

3. 创新科技信贷模式和信贷产品

2020 年 3 月，中国银保监会发布了《中国银保监会办公厅关于 2020 年推动小微企业金融服务"增量扩面、提质降本"有关工作的通知》，提出各银行业金融机构应充分运用金融科技服务小微企业融资。具体建议如下。

一是拓展科技信贷模式，达到同时满足银行风险控制和小微企业融资的双重目标。如联保联贷的保证贷款模式，知识产权、应收账款、银行承兑汇票等质押贷款模式，投资机构率先股权投资、银行随后跟进贷款的投贷联动模式，架起资本市场与信贷市场沟通桥梁的浙江"桥隧模式"等均是传统科技模式的补充。二是创新信贷产品，开发满足小微企业多样融资需求的特色信贷产品。如综合运用"知识产权质押""股权质押""税基贷"等多种产品对"轻资产、未盈利"的科技创新企业予以支持，以及兴业银行、江苏银行等"赤道银行"推出的扶持绿色环保企业融资的绿色信贷产品、中关村银行瞄准高成长性的科技型创新公司的科技信贷产品等。

4. 控制信贷交易成本并提升审批效率

为提升银行服务的专业化水平，除了从创新信贷模式和产品这一核心环节入手以外，还应辅以信贷成本控制和服务流程便捷化方面的相关手段。如建设银行运用"移动互联网＋科技＋金融"模式，创新打造"建行惠懂你"APP，以信贷融资为主，为民营小微企业和个体工商户等客群提供了基于全生命周期的一站式综合化服务。在"降成本"方面，中国银保监会江苏监管局于 2021 年 8 月印发的《关于银行业保险业积极应对疫情影响支持经济平稳发展的通知》中明确指出，各银行机构要积极履行社会责任，加大面向小微企业的减费让利力度，并进一步规范信贷融资各环节收费与管理，缩短融资链条，严格执行小微企业金融服务"两禁两限"收费政策，切实减轻企业负担。据此，提出以下几点建议：一是银行应依法规范小微企业融资担保贷款相关的收费标准和流程，杜绝"吃拿卡要"等不透明的现象滋生，尽量控制好交易成本，避免人为加重小微企业融资负担。二是应注意控制风险成本，借助内部风险管理人员的专业实力和风险防控技术，从供给侧切入主动降低利率。三是借助网络平台优势提高担保贷款审批效率，有效控制经营成本的同时优化担保贷款审批程序，缩减审批等待时间，提升服务水平。

9.2.3　完善政府财税扶持和行业监管政策

1. 优化融资担保行业扶持政策

财政部 2018 年 10 月发布了《关于对小微企业融资担保业务实施降费奖补政策的通知》，表明应当支持引导更多金融资源配置到小微企业，进一步拓展小微企业融资担保业务规模，降低小微企业融资担保费率水平，对小微企业融资担保业务实施降费奖补。2021 年 5 月，财政部、工业和信息化部印发通知称，2021～2023 年将继续通过中小企业发展专项资金，采用奖补结合的方式实施小微企业融资担保降费奖补政策，引导地方支持扩大实体经济领域小微企业融资担保业务规模，降低小微企业融资担保成本。

据此，各地融资担保主管部门应充分考虑融资担保发展模式和规模差异，以"减量增质、做精做强"为目标，科学合理地引导行业分流与转型。首先，政府应主动适应融资担保行业转型发展要求，通过控股、参股、增资等方式发展主业突出的政策性担保机构；其次，通过行业联合、服务外包等手段提升民营担保公司生存空间；再次，加快再担保体系建设，通过股权投资提供再担保等方式，支持省级再担保机构发挥"稳定器"作用；最后，政府可借助央行的再贷款、税收减免、业务奖励等激励措施，鼓励银行、融资担保公司、小微企业践行政策使命，引导金融资源合理配置。

2. 创新融资担保行业监管手段

2020 年 7 月，融资性担保业务监管部际联席会议制定了《中国银保监会关于印发融资担保公司非现场监管规程的通知》，在信息收集与核实、风险监测与评估、监管措施等方面做出了规定，完善了融资担保公司监管报表和指标解释。提出以下几点具体的建议。

一是要激励优质担保公司做精做强，充分运用信息化手段持续、实时监测担保公司经营状况。二是要强化对非融资担保公司的治理以适时监测、预警和处置风险。三是要加强银行业监管，推动银行业市场化改革。前文实证分析结果显示，政府扶持政策对银行合作态度的影响缺乏显著性。该结果既反映出商业银行在贯彻政府政策和实现自身盈利之间的取舍，更反映出政府对银行的监管仍需改进，监管方式的优化和监管政策效力的放大是提升银行合作积极性、助力小微企业融资担保的关键。

9.2.4 提升小微企业资信水平和经营业绩

由实证分析结果可知，小微企业资信水平和经营状况对小微企业融资担保有效性有正向影响。据此，小微企业可借助健全财务制度、树立诚信意识、加强业务创新、提升环境敏感性等手段提升资信水平和经营业绩，以获取担保公司和银行的认可。

1. 健全财务制度增强偿债能力

首先，小微企业要制定严格的财务管理制度标准，包括规范物资采购和销售、注重应收账款管理、严格控制账龄、尽可能压缩逾期库存、完善内部会计机制等。其次，小微企业应加强现金账务的管理，合理规划闲置资金，制定有效的现金投资准则，降低不良负债率和财务风险，以完善投资管理体系。再次，应实现财务管理信息化，通过引入领先的财务管理系统和财务管理决策支持系统，使财务人员把更多精力放到财务分析上，而非仅仅受制于简单烦琐的基础财务操作工作。最后，还要增强财务信息的透明度，主动适时地将信息进行公开披露。

2. 树立诚信意识提升信用等级

2020 年 5 月，八部委印发的《关于进一步强化中小微企业金融服务的指导意见》中强调，要加大对地方征信平台和中小企业融资综合信用服务平台建设指导力度，推动地方政府建立地方征信平台和中小企业融资综合信用服务平台，加快实现互联互通，服务区域经济一体化发展。2021 年 8 月，江苏省发展改革委也印发了《江苏省社会信用体系建设项目管理办法》，助力江苏省社会信用体系建设高质量发展。可见，小微企业的诚信经营很大程度取决于管理者个人诚信意识。小微企业的管理者应当树立诚信观念，规范企业经营行为，并加强对金融、失信惩戒等方面相关法律法规的了解。首先，坚守"质量为王"的安全生产理念，并做到诚信定价和营销，杜绝虚假宣传。其次，在任何发展阶段和境地下企业都不能触碰财务造假和逃债的底线，小微企业应时刻注意保持良好的企业形象。最后，可以通过开展系列诚信文化活动，使整个企业置于诚信氛围笼罩下，将有助于企业信用等级提升，进而有利于小微企业获得融资担保服务。

3. 加强业务创新增强盈利能力

企业偿债能力受限于盈利能力的高低，而核心技术创新能力是企业抢占市场、获取利润的重要武器。2019 年 1 月，国务院办公厅发布了《关于有效发挥政府性融资担保基金作用切实支持小微企业和"三农"发展的指导意见》，要求政府性融资担保、再担保机构要支持符合条件的战略性新兴产业项目，不断提高支小支农担保业务规模和占比，服务大众创业、万众创新。在完善科技型小微企业金融服务方面，2021 年 4 月，中国银保监会办公厅发布的《关于2021 年进一步推动小微企业金融服务高质量发展的通知》中指出，针对掌握产业"专精特新"技术，特别是在"卡脖子"关键技术攻关中发挥作用的小微企业，银行、保险和融资担保等机构要量身定制金融服务方案，及时给予资金支持。小微企业应顺应新时代经济转型发展和产业结构调整的趋势，按照"供给侧结构性改革"的要求，主动革新技术，通过技术领先优势弥补体量小带来的各种弊端，以"智"取胜。一方面积极研发新产品，降低产品同质化水平，在同行业中获取一定的吸引力；另一方面依据自身资源获取、市场开拓能力较弱的经营特点，走专精特新之路，将经营服务对象集中于特定需求消费者，以提升盈利能力，提升银行认可度，扭转融资中的被动地位。

9.3　小微企业融资担保效率的提升策略

从优化担保外部环境、增强融资担保公司担保能力、加强银担合作等方面，提出提升小微企业融资担保效率的对策建议，具体策略如下。

9.3.1　积极优化融资担保行业经济运行环境

1. 加大财政税收的支持力度

在实际业务运作中，现有政策的执行效果与政策目标仍有距离，融资担保公司实际能享受的优惠有限，因此，对于融资担保行业以及小微企业而言，加大财政税收的支持力度是十分有必要的。针对加大财政税收的支持力度方面进一步提出相关建议。

首先，应当加强各级财政投入，提升支持政策的稳定性与持续性。可以通过资本持续投入、设立风险代偿资金池、贴息贴费支持等方式，构建融资担保健康可持续发展的公共资源稳定投入机制。其次，在融资担保风险可控前提下，应当扩大财政支持政策覆盖面。各级政府应有条件地松绑税收支持政策受惠融资担保公司资格限定条件，适度扩大享受准备金税前扣除政策的机构范围，从而发挥政策引导作用，帮助融资担保公司回归扶持小微企业的本源。

2. 提升融资担保基金引领作用

为了在国家层面积极引领融资担保行业发展，首期注册资本 661 亿元的国家融资担保基金正式成立，自 2018 年 9 月 26 日正式运营以来，坚持政府性融资担保准公共产品定位，通过再担保业务合作，初步形成了与省级融资担保再担保公司、辖内融资担保公司三级业务联动的合作体系。政府相关部门应充分结合财政引导、市场运作双重机制优势，通过市场化手段，将财政资源配置于高质量、高水平的融资担保项目，以加强国家融资担保基金的引领作用，以有效提升江苏小微企业的融资担保效率。具体包括以下三个方面。

一是要加快推进国家融资担保基金与全国性银行业金融机构的"总对总"合作，引导银行业金融机构扩大分支机构的审批权限，并在授信额度、放大倍数等方面提供更多优惠。二是强化国家融资担保基金的风险分担功能，通过股权投资与融资担保业务合作，加强对江苏省省级融资担保公司的引领与监管，并在机构准入与风险分担等方面提供更多便利。三是国家融资担保基金与融资担保公司之间应灵活制定业务合作条件或准入标准，将合作的融资担保公司的担保费率作为是否进行业务合作的重点关注指标，并且依据融资担保公司费率在业务合作规模、授信额度、风险分担比例等方面给予差异化待遇。

9.3.2 逐步健全融资担保法律制度环境

本书建议政府相关部门不仅应当有效推行差异化监管政策，完善风险补偿及分散制度，还应当不断加强企业信用体系的建设，以逐步强化融资担保体系法律制度环境。

1. 有效推行差异化监管政策

针对政策性融资担保公司和商业性融资担保公司实施差异化监管，提出以下两点具体的政策性建议。

首先，应当要求政策性融资担保公司在保证自身可持续发展的前提下承担更多的社会责任。对于政策性融资担保公司而言，应当提高其对小微企业的代偿风险容忍度，提高财政资金的政策效能，鼓励融资担保公司为小微企业提供融资担保服务，强化财政资金对小微企业的精准扶持力度。

其次，应当对商业性融资担保公司加强合规性监管。商业性融资担保公司的经营风险防控体系有待进一步完善，加之动态监管不及时，尤其对行业失范的行为需要加强监管。对商业性融资担保公司过程监管上的漏洞和乏力，是造成部分地区融资担保行业市场异化和违法事件频发的主要原因之一。

2. 完善风险补偿及分散制度

首先，各级政府应积极为融资担保体系风险防控提供配套政策支持，建立持续的资本金补充与代偿补偿机制，并将担保体系风险防控工作纳入对各级政府的考核中，提升政府参与融资担保体系风险管理的积极性。可借鉴国外优秀经验，比如日本的信用保证协会在担保责任风险中分担 10% ~ 30% 的风险，另外 70% ~ 90% 的风险以购买信用保险的方式，由小微企业信用保险公司分担。美国由小企业管理局提供信贷融资担保，每年度通过补贴率计算以向国会做出预算申请，用以补贴小企业的信用违约代偿损失。

其次，再担保制度的有效实施是对融资担保公司进行风险分散的有力措施。相关政府部门应当关注再担保公司与融资担保公司自身风险管理能力的提升，推进担保和再担保公司全面风险管理体系的建设，建立涵盖机构准入、业务评审、保后管理、风险预警、风险管理监督与考核、风险管理追责问责与尽职免责机制为一体的风险管理体系，从根本上提高担保体系的风险控制能力。

3. 加强企业信用体系的建设

可借鉴美国的信用制度建设以不断加强企业信用体系建设，通过第三方信用评级、接入征信系统、信用记录纳入国家和省公共信用信息平台等措施，维护江苏融资担保行业信用。在融资担保实践中，融资担保公司需充分运用信用评级结果辅助决策，尤其是将其充分运用在借款方信用、抵押品不足而难以获得融资服务场景中。并且，相关部门可以研究制定相关数据目录、运行管理等标准，推动地方政府充分利用现有的信用信息平台，建立地方征信平台和小微企业融资综合信用服务平台，支持有条件的地区设立市场化征信机构运维地方平台。以地方服务平台为基础，加快实现互联互通，服务区域经济一体化发展，加强信息共享和比对，促进金融机构与小微企业对接，提供高质量融资服务。

9.3.3 有效增强融资担保公司担保增信能力

1. 充分利用大数据及区块链技术

当前，大数据及区块链等信息技术发展较快，其广泛应用于金融领域，进一步提出其应用于融资担保公司为小微企业提供担保的业务中，以实现小微企业融资担保效率的提升。

在大数据的应用方面，已有相关省市采取了相应措施，将融资担保业务与大数据相结合。2020年2月，上海市大数据中心、上海市中小微企业政策性融资担保基金管理中心与建设银行上海市分行、上海银行等15家银行签署协议并共同发布"大数据普惠金融担保合作方案"，采用"大数据＋担保"融资模式，支持银行扩大对小微企业的信贷投放。[①] 在区块链技术的应用方面，鉴于其具有去中心化、分布式记账、集体维护以及不可篡改等显著优势，能够为融资担保公司的风险识别、风险控制、项目管理、业务创新等方面带来新的发展契机，甚至可能颠覆现行唯抵（质）押论的金融信贷模式，为融资担保公司带来纯信用担保的新兴发展模式，在一定程度上可以有效破解当前中小微企业、"三农"项目融资难、融资贵问题。可见，区块链技术的应用能够提升融资担保公司为小微企业服务的效率。

---

① 资料来源：上海创新推出"大数据＋担保"融资模式．解放日报．2020年3月14日．http：//www.shanghai.gov.cn/nw2/nw2314/nw2315/nw4411/u21aw1432383.html.

2. 创新融资担保产品与服务

融资担保公司应当积极顺应时代潮流创新融资担保产品，兼顾经济效益和社会效益，在合理控制注册资本规模基础上激励员工积极拓展担保业务和资本运用范围，扩大担保业务量以提升其社会效益，如创新绿色担保、科技担保产品等以满足小微企业多样化融资需求。并且实证分析结果表明，政策性融资担保公司的担保能力对融资担保效率的影响程度较大，因此，政策性融资担保公司更需要积极创新担保产品，建立高效主动的获客模式以逐渐放大增信效应。例如，北京市的中合小微企业融资担保股份有限公司推出了"小微企业增信集合债券担保增信产品"，支持地方政府从资本市场募集低成本资金，扶持当地小微企业发展。[①] 此外，政策性融资担保公司还可以探索信贷资产证券化等方式，彻底打通资本市场和信贷市场，引导资本市场的低成本资金定向服务支持小微企业。

3. 规范担保公司内部运行机制

首先，在人力资源方面，不论是担保业务的前期导入、项目评审、合同签约还是保后管理还都主要依靠公司职员去落实，因此相关人才的培育十分关键。各类融资担保公司应不断规范人力资源管理机制，提高担保专业人才培养和人员配置的合理性水平，还可以考虑利用高校的资源进行担保人才的培养与留用。

其次，在注册资本方面，商业性融资担保公司应建立与银行的互利与合作，缓解信息不对称，增强业务话语权，融资担保公司还可以联合担保的方式为小微企业提供融资担保增信。

再次，在风险管理方面，融资担保公司应当完善自身风险管理体系建设，不断强化担保风险管理能力，将多种风险控制措施制度化，丰富风险控制手段。如中国投融资担保股份有限公司已实现信用增进、资产管理和金融科技三大业务板块协同发展，建立了良好的风险防控机制。[②]

---

① 资料来源：《中国担保》编辑部、中合小微企业融资担保股份有限公司. 中国担保, 2019, 54（2）：116 – 117.

② 资料来源：张玉洁. 中投保董事长兰如达：三大业务协同发展提升综合实力. 中证网, 2018年 12 月 4 日，http://www.cs.com.cn/ssgs/gsxw/201812/t20181204_5900111.html.

最后，在资金管理方面，政策性融资担保公司应不断优化公司内部财务管理制度，并可参照国外的做法，建立长效风险补偿制度，风险补偿是政策性融资担保公司实现可持续经营的重要基础，适当借助再担保平台是风险补偿的重要手段。

9.3.4 切实推进银行与担保公司的合作共赢

1. 确立相对公平的银担合作准入门槛

由前文对江苏小微企业融资担保效率影响因素分析中可知，商业银行的合作意愿对于商业性融资担保公司的可持续发展产生了较大的影响。然而，目前在国家层面上缺乏银担合作准入的统一条件，各地政策各行其是，而且往往对民营的融资担保公司规定了歧视性的准入门槛，如注册资本的高额要求等。由于绝大部分民营融资担保公司均不符合苛刻的注册资本金条件，其进入银担合作体系的权利实际上被不合理地剥夺了。为此，在政府相关部门的帮助下，银担合作不仅应当具有开放性，而且在以业务为导向的准入制度设计中，在注册资本等方面也应规定相同的且合理的条件。银行应主动作为，合理设定融资担保公司合作准入条件，积极支持配合其业务转型，引导其提高服务小微企业的业务担保规模，扩大新型政银担合作业务的覆盖面。应当推动融资担保公司与银行业金融机构开展"总对总"合作，细化业务准入和担保代偿条件，明确代偿追偿责任，强化担保贷款风险识别与防控。积极引导银行业金融机构扩大分支机构审批权限，并在授信额度、担保放大倍数、利率水平、续贷条件等方面提供更多优惠，免收或少收融资担保公司保证金，加大与优质民营融资担保公司合作力度，合理设置准入条件，避免因所有制结构、注册资本"一刀切"。

2. 推行风险分担与防控制度

借款人信用及履约能力是银担合作风险之源，担保本身并未消灭该风险，而仅是对风险进行了分散和转移。因此对借款人信用风险进行审核，降低违约率是银担合作机制的核心。因为高违约率可能使融资担保激励计划无效，如果违约率在一个较长的时间跨度内持续5%左右，又不能得到补贴支持和投资的持续注入将导致担保资金的耗竭。因此，应当健全风险分担机制，落实参与主体不低于20%的风险责任，提高担保不良贷款的风险容忍度。

在建立银担风险分担与防控制度方面，可借鉴德国担保银行的业务运行机制，其基本程序为：首先，小微企业向商业银行申请贷款；其次，商业银行对贷款申请进行审核，如果符合信贷条件则直接发放贷款，如果不符合信贷条件但经评估认为借款项目具有良好的发展前景，自行向担保银行申请融资担保；再次，担保银行对担保申请进行审核；最后，审核通过后，贷款银行、担保银行及借款的小微企业三方签署协议。

3. 建立相应的银担合作考核标准

银担合作的目标是推动小微企业发展，其考核应围绕着该目标而展开。该目标的实现依赖于融资担保公司和商业银行的相互配合，因此考核标准应从这两个主体入手。融资担保公司方面，考核其担保放大倍数、风险准备金计提、担保费率是否符合法律规定，担保项目是否符合宏观调控目标及风险是否处于合理范围之内等。商业银行进入银担合作体系是一把双刃剑，积极的方面是可借助该合作机制扩大信贷业务规模；消极方面是必须承担一定的违约风险义务。对其考核的重点便是对该义务的履行情况，对于长期未开展或消极开展银担合作业务的商业银行，应于考核后给予相应整改举措。最后，可以督促融资担保公司向合作银行业金融机构及时完整披露业务经营和财务状况信息，并对合作银行业金融机构进行定期评估，重点关注其推荐担保业务的数量和规模、担保对象存活率、代偿率以及贷款风险管理等情况，作为开展银担合作的重要参考。

9.3.5　大力提升小微企业信用及经营能力

1. 完善企业信用管理方式

小微企业信用水平是融资担保公司选择是否为其担保的重要指标，因此应当积极提升企业信用水平，不断完善企业信用管理方式。一方面，可强化小微企业内部信用管理，设立专门的信用管理人员，并逐步建立与信用销售相适应的客户资信管理、应收账款管理等制度；另一方面，完善小微企业信用预警监督，对提供虚假信息的企业进行经济处罚、信用处分等，对守信者实行优惠贷款利率等措施，以保持良好的信用记录。小微企业的信用管理得到重视，将进一步促进融资担保公司为小微企业提供担保的效率的提升。

2. 优化企业经营管理战略

小微企业在生产经营过程中必须将目标放长远，不能只顾眼前利益而忽视企业的未来发展，建立企业长久发展目标非常重要。在经营管理方面，小微企业可以聘请职业经理人对公司进行管理，不断提高企业的经营管理水平，以完善的经营管理策略带领企业发展壮大。当小微企业自身的经营能力较强时，不仅能够帮助其吸引更多资金，以缓解自身融资难问题，还能提高金融机构对其能够按时按量还贷的信心，使其可以顺利融资。另外，小微企业核心能力的提升，也是降低其融资风险的主要方式之一。小微企业需要加强对自身优势和行业发展趋势的了解，掌握行业竞争的重点并提高核心竞争力，例如结合自身的优势和不足制定符合企业自身不同阶段发展需求的经营战略。

3. 健全企业财务管理制度

首先，小微企业应当建立一套健全的财务管理制度，包括融资、投资、运营、利润分配、资金管理、财务费用报销等方面，通过行之有效的内部控制制度，严格监控财务，依法管理资金，提高资金管理效率，提高企业财务管理水平，完善企业财务管理制度。其次，要严格监控会计核算流程，树立企业运作遵规守法的思想理念，严格按照财务有关规定进行规范，能与税务机关要求同步，严查自身的财务状况，在现金流的使用流程管理中，对预算、决算、核算等过程应该严格监控，严格实行。最后，充分利用互联网，实现财务管理现代化，信息透明化，保证提供的财务信息真实可靠，间接提高信用，提升企业自身的公信力，使自己在融资方面更容易获得融资担保公司扶持。

9.4 本章小结

针对前文对小微企业融资担保服务质效的现状和问题，本章提出了相应的对策建议。一方面，通过提升各类融资担保的服务质量、提升融资担保各维度的服务质量、强化各类融资担保服务对小微企业的关怀程度、提高各参与主体提升融资担保服务质量的积极性等措施，提升小微企业融资担保服务质量。另一方面，增强融资担保公司财务实力和业务能力，改善银行合作态度和银担合作机制，完善政府财税扶持和行业监管政策，提升小微企业资信水平和经营业绩，是提高小微企业融资担保服务有效性的主要策略。此外，提出了提升小微企业融资担保服务效率的主要策略：积极优化融资担保行业经济运行环境，逐步健全融资担保体系法律制度环境，有效增强融资担保公司担保增信能力，切实推行银行与担保公司的合作共赢，大力提升小微企业信用水平及经营能力。

第 10 章　结论与展望

10.1　研究结论

基于前文的理论研究与实证分析结果，从融资担保服务质量、融资担保服务有效性、融资担保服务效率等几个方面，总结出如下结论。

10.1.1　融资担保服务质量研究结论

（1）从服务质量最终的评价结果来看，互助性融资担保公司的综合评价最高，其次是政策性融资担保公司，商业性担保公司的担保服务评价最低。而从融资担保服务类型的角度出发，每个类型的小微企业融资担保服务优劣体现在不同维度上。政策性融资担保服务关怀性较好，但响应速度的感知较差；商业性融资担保服务规范性优势显著，但可靠性较低导致担保服务质量低下；互助性融资担保服务质量表现优异，但便捷性无法达到期望要求。

（2）融资担保服务质量各维度上各类型融资担保服务表现也各有不同，互助性融资担保服务质量一枝独秀，政策性和商业性融资担保服务却有所差异。在保证性维度上，小微企业对政策性融资担保服务的期望较高，但实际感知较差，商业性融资担保服务表现更好；在响应性维度上，商业性融资担保服务的期望与感知均较低，服务质量有待提升；在可靠性维度上，小微企业对商业性融资担保服务抱有较高期望，但商业性融资担保服务实际完成度较差；在便捷性维度上，政策性融资担保服务的感知与期望差距较大，需进一步提升；在关怀性维度上，政策性和商业性融资担保服务表现良好，但由于该维度权重较大，表明小微企业较为看重该维度，需进一步提升该维度的服务质量。

（3）融资担保的其他参与主体的行为决策对融资担保服务质量存在影响。首先，融资担保公司自身提供服务的成本和收益直接决定了融资担保公司提供何种质量的服务，而低质量融资担保服务被识别的概率可以约束融资担保公司的行为决策；其次，小微企业的收益及成本决定了小微企业会选择何种质量的融资担保服务，企业选择可引导融资担保提供高质量的服务；再次，政府的惩罚成本可以约束融资担保公司的行为决策，而政府的罚金收入则影响着政府的监管力度，政府监管可迫使融资担保服务向着高质量方向发展；最后，融资担保行业内的良性竞争和行业成本的降低，可促使整个行业服务质量向着更高的方向发展。

10.1.2　融资担保服务有效性研究结论

（1）小微企业融资担保减量增质态势明显，融资担保成功率得到一定提高，但担保有效性仍然不足；增信能力弱、覆盖率低、代偿成本高。相对于旺盛的小微企业融资担保需求，融资担保公司信用供给方面实际放大倍数偏低、盈利模式缺乏可持续性、从业人员业务能力和经验不足、风险控制制度不完善，商业银行资金供给采取较为保守和消极的合作态度，政府资金和政策供给手段有待创新等限制了融资担保供给能力。

（2）担保公司财务实力和小微企业资信水平对小微企业融资担保有效性的作用路径分为直接和间接两种。担保公司财务实力和小微企业资信水平的提高，可显著改善银行合作态度并且提升融资担保有效性，即银行合作态度在担保公司财务实力和小微企业资信水平对小微企业融资担保有效性的影响中起部分中介作用。提高担保公司财务实力和小微企业资信水平，可增强银行信任度，加大银行参与积极性，显著改善银行合作态度并提升小微企业融资担保有效性。此外，担保公司业务能力和小微企业经营状况对小微企业融资担保有效性具有较为显著的影响。

（3）由于银行的强势地位和利润最大化导向，政府政策扶持难以显著改善银行合作态度，但可通过作用于融资担保公司直接提升融资担保有效性，且银行合作态度在政府扶持政策对担保有效性影响中的中介作用不显著。此结果既反映出商业银行在贯彻政府政策和实现自身盈利之间的艰难取舍，又反映了政府对银行监管方式的亟待优化以及加快银行市场化改革是改善银行合作态度，提升小微企业融资担保的关键。

10.1.3 融资担保服务效率研究结论

（1）融资担保公司支持小微企业融资的综合效率有待提升，主要原因在于规模效率低下。以江苏省为例，在融资担保投入方面，商业性融资担保公司在固定资产净值和注册资本方面冗余较多，但其累计提取准备金相对较为充足，而政策性融资担保公司在人力资源、固定资产净值、经营费用、注册资本等方面均存在不同程度的冗余现象。在融资担保产出方面，政策性融资担保在经济效益和社会效益两个维度下都存在产出不足的现象，商业性融资担保公司社会效益较低，部分商业性融资担保公司存在经济效益严重低下的现象。综上可见，商业性融资担保公司整体的担保效率值相对高于政策性融资担保公司的担保效率值。

（2）经济运行环境对商业性融资担保公司为小微企业提供担保的效率的影响程度较大，其适合在经济发达的地区生存与发展。以江苏省为例，在宏观环境层面，有效改善经济运行环境是提升商业性融资担保公司担保效率的首要任务。经济周期波动及技术创新冲击幅度直接对小微企业的经营状况产生作用，进而影响融资担保公司的主营业务量以及代偿情况。政府极力推动融资担保体系建设，不断丰富资金支持方式和扩大资金支持规模，如财政补贴、业务奖励等，增强了融资担保公司资金实力，并且政府的有效监管是维持融资担保行业可持续发展的保障，以此提升了融资担保效率。

（3）着重加强政策性融资担保公司担保能力是提升政策性融资担保效率的关键。以江苏省为例，融资担保公司以自身的资本作为基础信用，通过融资担保增信对小微企业实现信用增级，提升融资担保公司自身的担保能力对于担保效率的提升较为重要。政策性融资担保公司以有限的资源为小微企业增信，提升担保总额以追求社会效益是其主要目的。因此，着重加强政策性融资担保公司担保能力，以逐步增加担保主业并实现可观的放大效应，是提升其融资担保效率的核心。

（4）不断强化商业银行与商业性融资担保公司的合作意愿，可有效提升商业性融资担保效率，但这一作用对政策性融资担保效率的提升并不显著。以江苏省为例，针对不同规模以及不同实力的融资担保公司，商业银行会在合作门槛、风险分担比例、交易成本等方面采取差异化合作态度，进而影响融资担保效率。由政府出资成立的政策性担保公司往往更受到商业银行的青睐，以实现风险最小化，因此弱化了商业银行合作意愿对政策性融资担保效率的影响程度。此外，商业性融资担保公司银担合作对于缓解小微企业融资难题起到了较为重要的作用，应当切实推行银行与担保公司的合作共赢。

10.2　未来展望

在前文研究的基础上，在融资担保服务质效研究领域，还可以在以下主题或方向进一步展开研究。

（1）为评价融资担保服务质效，本书虽然验证了模型的可行性，也对融资担保服务质效进行了评价，但样本量可以在地域和规模等方面进一步扩大，更为全面地了解不同地域、不同规模的企业对融资担保服务质效的评价。

（2）本书构建了三个两方博弈模型，以求了解不同主体对融资担保服务质量选择策略的影响。事实上，随着融资担保模式的变化以及参与主体的增加，不同主体之间的交叉影响也是值得研究的问题。

（3）随着融资担保行业与新兴金融业务的深度融合，参与主体会逐渐丰富，业务环节中新加入的主体与原有主体间的合作关系，以及新主体的加入对融资担保服务质量及有效性产生的影响，有待进一步探究。

参 考 文 献

[1] 蔡文宇，陈玉菁．我国中小企业信用担保引入政府补贴的可行性探讨——基于博弈论的视角 [J]．上海金融，2009 (12)：25 - 28．

[2] 曹凤岐．建立和健全中小企业信用担保体系 [J]．金融研究，2001 (5)：41 - 48．

[3] 曹木子．融资担保公司风险管理优化探讨 [J]．征信，2021 (10)：86 - 92．

[4] 陈菲琼，殷志军，王寅．影响信用担保机构运行效率的风险因素评估——以浙江省为例 [J]．财贸经济，2010 (12)：36 - 39．

[5] 陈刚，陈敬之．融资担保行业竞争与公司经营绩效——基于四川省融资担保行业的系统 GMM 实证 [J]．兰州学刊，2021 (12)：46 - 63．

[6] 陈琳，秦默．美国小微企业信用担保体系建设经验及启示 [J]．国际经济合作，2020 (2)：149 - 156．

[7] 陈乃醒．中小企业信用担保 [M]．天津：南开大学出版社，2004．

[8] 陈乃醒．中小企业信用担保的经济效益与指标体系 [J]．经济管理，2001 (7)：36 - 37．

[9] 陈晓红，谢晓光．提高我国信用担保经济杠杆效用的研究 [J]．软科学，2005 (4)：1 - 4．

[10] 陈玉洁，王剑锋．城投债融资成本与担保增信的分类有效性 [J]．海南大学学报 (人文社会科学版)，2021，39 (5)：82 - 90．

[11] 陈越，于润．中小微企业创新的政府扶持研究——基于江苏 4980 家中小微企业数据的实证分析 [J]．经济体制改革，2019 (4)：109 - 117．

[12] 崔晓玲，钟田丽，于连国．基于 DEA 粒子群优化算法的政策性信用

担保运行效率分析——来自东北某省的数据 [J]. 财会通讯, 2011 (24): 115 -118.

[13] 崔晓玲, 钟田丽. 基于 DEA 的信用担保运行效率求解方法 [J]. 运筹与管理, 2010 (6): 117 -122.

[14] 崔晓玲, 钟田丽. 信用担保运行机制效率指标体系构建 [J]. 财会通讯, 2012 (22): 16 -18.

[15] 邓君, 张巨峰, 孟欣欣, 宋雪雁. 基于用户感知的公共档案馆服务质量影响因素研究 [J]. 图书情报工作, 2016, 60 (16): 26 -38.

[16] 丁夏齐, 徐金灿, 马谋超. 服务质量差异模型及应用 [J]. 心理科学进展, 2002 (4): 460 -465.

[17] 丁晓丽. 江苏小微企业融资担保有效性影响因素研究 [D]. 镇江: 江苏大学, 2019.

[18] 董裕平. 小企业融资担保服务的商业发展模式研究——基于粤浙两省数据的情景模拟试验分析 [J]. 金融研究, 2009 (5): 157 -168.

[19] 杜亚. 健全完善文化创意产业融资担保的法律体系 [J]. 湖北大学学报 (哲学社会科学版), 2017 (3): 114 -120.

[20] 段小华, 曹效业. 政府科技投入支持新兴产业的有效性评价方法 [J]. 科学学研究, 2010, 28 (11): 1673 -1676.

[21] 樊娅. 小微企业融资再担保效率评价研究 [D]. 镇江: 江苏大学硕士论文, 2018.

[22] 冯涛, 徐肇成, 郭蕾. 财政资助中小企业信用担保计划方式的比较研究 [J]. 财政研究, 2011 (8): 32 -34.

[23] 付俊文, 赵红. 商业银行在信用确认基础上对担保机构的风险分担机制 [J]. 系统工程理论方法应用, 2006 (6): 565 -570.

[24] 龚瑾瑜, 韩刚. 中小企业信用担保计划执行效率的成本收益分析框架 [J]. 金融理论与实践, 2006 (11): 52 -54.

[25] 顾海峰, 卞雨晨. 科技 - 金融耦合协同提升了企业融资效率吗? ——基于中国 755 家科技型上市公司的证据 [J]. 统计与信息论坛, 2020, 35 (9): 94 -109.

[26] 顾海峰. 基于信号函数的金融担保风险预警指标及模型研究 [J]. 中国管理科学, 2014, 22 (S1): 267 - 271.

[27] 顾海峰. 银保协作、风险自留与银行信用风险补偿——基于银保信贷系统的分析视角 [J]. 财经理论与实践, 2018, 39 (5): 30 - 36.

[28] 关云素. 江苏小微企业融资影响因素及破解策略研究 [D]. 镇江: 江苏大学, 2018.

[29] 韩亚欣, 何敏, 李华民. 大银行何以为中小企业融资?——基于某大银行支行的案例分析 [J]. 金融论坛, 2016, 21 (1): 72 - 80.

[30] 何玲. 坚持监管和服务双驱动 全面提升信用江苏建设水平——访江苏省发改委副主任祁彪 [J]. 中国信用, 2020 (1): 10 - 13.

[31] 胡德海. 进一步完善银行业机构与担保机构合作机制对策研究 [J]. 金融与经济, 2013 (9): 8 - 10.

[32] 胡舒扬, 赵全厚. 融资担保收益分配的二元机制与资本循环 [J]. 社会科学家, 2021 (4): 82 - 87.

[33] 黄飞鸣, 童婵. 银行业联合授信机制提高了企业的债权融资效率吗?——基于 PSM - DID 模型的分析 [J]. 江西社会科学, 2021, 41 (3): 70 - 80.

[34] 黄君洁, 方杰, 覃志刚. 财政支持有助于农业融资担保发展吗? [J]. 农村经济, 2023 (2): 95 - 105.

[35] 黄磊, 倪民, 孙丰山. 论信用担保机构的融资职能与社会职能: 理论与个案研究 [J]. 金融研究, 2005 (3): 183 - 187.

[36] 黄庆安. 农村信用担保公司的运行效率及其影响因素研究——基于 DEA - Tobit 两步法的实证分析 [J]. 东南学术, 2011 (3): 124 - 128.

[37] 黄庆安. 农村信用担保机构发展研究——基于福建省的调查分析 [J]. 农业经济问题, 2011, 32 (1): 13 - 17, 110.

[38] 贾君怡, 于明哲, 陈经伟, 等. 第三方担保与地方隐性债务风险化解: 基于专业担保与关联担保的对比研究 [J]. 中国软科学, 2023 (5): 171 - 187.

[39] 蒋海芸. 小微企业融资担保服务质量研究 ——以江苏省为例 [D]. 镇江: 江苏大学, 2020.

[40] 李大武. 中小企业融资难的原因剖析及对策选择 [J]. 金融研究, 2001 (10): 124-131.

[41] 李俊峰, 孙雪. 融资性担保机构业务发展的因素制约及经营风险分析 [J]. 吉林金融研究, 2016 (8): 27-30.

[42] 李俊霞, 温小霓. 中国科技金融资源配置效率与影响因素关系研究 [J]. 中国软科学, 2019 (1): 164-174.

[43] 李瑞晶, 王丽丽, 程京京. 信贷资金、融资担保与小微企业融资约束——银行贷款与民间借贷的比较分析 [J]. 上海金融, 2021 (4): 24-32.

[44] 李树旺, 李京律, 刘潇锴, 梁媛. 滑雪旅游服务质量评价与后北京冬奥会时期的优化对策——从北京雪场滑雪游客感知的视角切入 [J]. 北京体育大学学报, 2022, 45 (5): 146-161.

[45] 李闻一, 朱媛媛, 刘梅玲. 财务共享服务中心服务质量研究 [J]. 会计研究, 2017 (4): 59-65, 96.

[46] 李新春, 潮海晨, 叶文平. 创业融资担保的社会支持机制 [J]. 管理学报, 2017, 14 (1): 55-62.

[47] 李雅宁, 杨宜, 刘婧. 我国融资担保机构运行绩效的实证研究——以北京市融资担保机构为例 [J]. 商业经济研究, 2017 (6): 187-190.

[48] 李彦. 我国小微企业信用担保公司运作机制的选择与创新 [J]. 武汉理工大学学报 (社会科学版), 2015 (5): 929-935.

[49] 李毅, 向党. 中小企业信贷融资信用担保缺失研究 [J]. 金融研究, 2008 (12): 179-192.

[50] 李仲飞, 黄金波. 我国小微企业融资困境的动态博弈分析 [J]. 华东经济管理, 2016, 30 (2): 1-8.

[51] 刘计策. 担保机构与银行合作中存在的障碍及对策——以徐州市为例 [J]. 征信, 2010 (2): 70-72.

[52] 刘新来. 信用担保概论与实务 [M]. 北京: 经济科学出版社, 2006.

[53] 刘玉敏, 靳琳琳. 基于改进服务质量模型的机场客运服务质量测评 [J]. 经济经纬, 2017, 34 (6): 81-86.

[54] 罗登跃. 三阶段 DEA 模型管理无效率估计注记 [J]. 统计研究, 2012, 29 (4): 104 – 107.

[55] 罗建华, 申韬. 基于 AHP 的信用担保机构制约因素研究 [J]. 社会科学家, 2009 (9): 107 – 110.

[56] 罗志华, 黄亚光. 西方小微企业融资担保体系运行机制研究: 一个文献综述 [J]. 经济体制改革, 2017 (2): 163 – 170.

[57] 马国建, 韦俊杰. 多主体收益视角下的融资担保体系建设研究 [J]. 金融理论与实践, 2020 (7): 16 – 25.

[58] 马国建, 张冬华. 中小企业信用再担保体系经济效益研究 [J]. 软科学, 2010, 24 (7): 111 – 115, 120.

[59] 梅强, 马国建, 杜建国. 中小企业信用担保路径演化研究 [J]. 系统工程学报, 2009 (3): 280 – 285.

[60] 梅强, 谭中明. 中小企业信用担保理论、模式及政策 [M]. 北京: 经济科学出版社, 2002.

[61] 孟晞, 钟田丽. 小微企业与互助担保组织的动态博弈研究 [J]. 财经问题研究, 2012 (12): 117 – 121.

[62] 孟潇, 张庆普. 跨组织科研合作有效性评价研究 [J]. 科学学研究, 2013, 31 (9): 1364 – 1371.

[63] 潘慧. 中小企业信用担保机构风险管理机制缺陷及矫正 [J]. 上海金融学院学报, 2014 (1): 52 – 61.

[64] 冉曦, 冉光和. 担保企业风险承担对其企业效率的影响及治理对策 [J]. 西南大学学报 (自然科学版), 2020, 42 (2): 99 – 108.

[65] 任志方, 高学莉, 王艳玲, 张莉莉, 肖倩. 基于三维质量理论与服务质量评价模型的"互联网+护理服务"质量评价指标体系的构建 [J]. 中国护理管理, 2022, 22 (3): 391 – 396.

[66] 沈忱. 小微企业在新三板市场融资效率研究——基于三阶段 DEA 模型定向增发研究 [J]. 审计与经济研究, 2017, 32 (3): 78 – 86.

[67] 沈迪, 李太后. 美国中小企业融资经验及对我国的启示 [J]. 经济体制改革, 2010 (2): 167 – 169.

［68］沈坤荣，赵亮．中国民营企业融资困境及其应对［J］．江海学刊，2019（1）：92－98，254．

［69］孙韦．中小企业信用担保体系发展的国际经验与启示［J］．国际金融，2015（11）：76－80．

［70］唐弋夫．区块链技术融入融资担保增信的通道及其路径研究［J］．西南政法大学学报，2020，22（3）：129－138．

［71］陶红兵，卓丽军．总额预付背景下公立医院医疗服务质量与效率的形成机制研究——基于扎根理论分析［J］．宏观质量研究，2022，10（2）：76－85．

［72］汪辉，邓晓梅，杨伟华．中小企业信用再担保体系演化稳定条件分析［J］．中国管理科学，2016，24（7）：1－10．

［73］王坤．对中小企业融资担保相关问题的思考［J］．财经界（学术版），2020（21）：23－24．

［74］王磊，李守伟，陈庭强，何建敏．基于企业行为偏好的企业间信用担保网络与风险传染研究［J］．中国管理科学，2022，30（2）：80－93．

［75］王淼．中小微企业信用担保贷款风险比例分担研究——提供政府补贴的两方合作博弈模型［J］．商业经济与管理，2017（3）：62－68．

［76］王珊珊．政府在中小企业信用担保中的法律地位探析［J］．经济问题探索，2007（10）：89－92．

［77］王新安，杨学义．小微企业信用担保运行效率研究——以关天经济区为例［J］．西北农林科技大学学报（社会科学版），2014（5）：156－160．

［78］王宇伟，李寒舒．银行业结构与小微企业融资——来自微观和宏观层面的经验证据［J］．会计研究，2019（12）：52－57．

［79］王宇伟．宏观经济周期与微观企业行为：综述与展望［J］．会计与经济研究，2018，32（6）：113－125．

［80］王云跃．北京市担保公司运行效率影响因素分析［D］．北京：北京工业大学，2013．

［81］文学舟，关云素．江苏小微企业融资影响因素与内外部融资环境优化——基于177家小微企业的实证分析［J］．华东经济管理，2017，31（2）：

19 - 26.

[82] 文学舟, 蒋海芸, 谢国芳. 我国小微企业融资担保服务质量测度及提升策略研究——基于江苏省的实证分析 [J]. 征信, 2020, 38 (2): 85 - 92.

[83] 文学舟, 梅强. 基于主成分分析的三种担保机构经营绩效比较及评价——以江苏担保实践为例 [J]. 华东经济管理, 2013, 27 (6): 5 - 9.

[84] 文学舟, 许高铭, 张盛达. 我国政策性和商业性融资担保效率评价及影响因素研究——基于江苏担保样本的实证分析 [J]. 金融发展研究, 2022 (10): 49 - 56.

[85] 文学舟, 许高铭. 基于三阶段 DEA 模型的民营中小企业融资担保效率研究——以江苏省 190 家融资担保公司的调查为例 [J]. 金融理论与实践, 2021 (1): 27 - 35.

[86] 文学舟, 张海燕, 蒋海芸. 小微企业融资中银企信任机制的形成及演化研究——基于信用担保介入的视角 [J]. 经济体制改革, 2019 (3): 143 - 150.

[87] 文学舟, 丁晓丽, 张静. 中国小微企业融资担保有效性影响因素研究——基于江苏省担保公司的实证分析 [J]. 统计与信息论坛, 2019, 34 (1): 49 - 57.

[88] 文学舟, 张海燕, 蒋海芸. 小微企业信贷融资中的银企信任问题分析及策略设计——基于江苏省 338 家小微企业的问卷调查 [J]. 西南金融, 2019 (9): 40 - 47.

[89] 文学舟. 新常态下小微企业融资与信用担保困境成因及治理机制——基于江苏省 250 家小微企业的问卷调查 [J]. 企业经济, 2017 (11): 5 - 9.

[90] 吴婧. 小微企业信贷服务质量提升路径研究——基于顾客满意度视角 [J]. 现代经济信息, 2016 (22): 36 - 37.

[91] 吴晓冀. 国家融资担保体系建设研究 [J]. 新金融, 2020 (5): 60 - 64.

[92] 吴妍妍. 科技金融服务体系构建与效率测度 [J]. 宏观经济研究, 2019 (4): 162 - 170.

[93] 肖夏，杨小舟.违约概率、融资成本与第三方增信效应：民营企业债样本分析 [J].金融经济学研究，2021，36（2）：87-98.

[94] 谢世清，李四光.中小企业联保贷款的信誉博弈分析 [J].经济研究，2011，46（1）：97-111.

[95] 熊熊，谭健美.中小企业贷款中反担保和比例担保机制分析 [J].软科学，2011（6）：80-85.

[96] 徐蕾，翟丽芳.金融支持小微企业发展路径的研究综述及展望 [J].经济社会体制比较，2021（5）：64-73.

[97] 徐临，姚晓琳，李艳辉.基于层次分析和熵值法的融资担保公司风险测度 [J].经济与管理，2017，31（2）：50-55.

[98] 徐攀，李玉双.政策性融资担保机构运行效率的测算及其影响因素——基于浙江省微观调研数据的分析 [J].财经论丛，2022（5）：56-65.

[99] 徐攀.农业经营主体融资担保协同机制与效应——浙江省农担体系建设的探索与实践 [J].农业经济问题，2021（10）：113-126.

[100] 许高铭.民营中小企业融资担保效率评价及影响因素研究 [D].镇江：江苏大学，2021.

[101] 薛菁，邓帆帆，肖敏娜.融资担保机构服务效率地区差异与有效服务区间——基于不同模式担保机构的调查 [J].贵州财经大学学报，2017（1）：43-52.

[102] 薛梅，张翼，黄尧.银行小微企业贷款的效率比较与路径选择——基于江苏省2014—2018年贷款的实证检验 [J].金陵科技学院学报（社会科学版），2019，33（4）：6-9.

[103] 杨松，张建.我国"政银担合作"模式的逻辑基础及制度完善 [J].辽宁大学学报（哲学社会科学版），2018（5）：95-106.

[104] 杨晓伟，徐建军.浙江高校青年社区志愿服务质量的综合评价及其关键影响因素分析 [J].数学的实践与认识，2019，49（24）：289-298.

[105] 殷志军，朱发仓.信用担保机构运行效率实证研究——以浙江省为例 [J].软科学，2011，25（1）：51-56.

[106] 余可，卢金贵.科技型中小企业间接融资市场主体行为的动态博

弈分析 [J]. 科技管理研究, 2012, 32 (9): 218 - 222.

[107] 苑卫卫. 新零售视角下消费者体验影响要素分析 [J]. 商业经济研究, 2020 (4): 78 - 80.

[108] 翟帅男. 中小企业基于网络借贷平台融资有效性的影响因素及路径分析 [D]. 杭州: 浙江理工大学, 2016.

[109] 张兵, 曾明华, 陈秋燕, 胡启洲. 基于 SEM 的城市公交服务质量 - 满意度 - 忠诚度研究 [J]. 数理统计与管理, 2016, 35 (2): 198 - 205.

[110] 张波. 政府财政支持对中小企业信用担保影响研究——基于成本收益视角 [J]. 财经理论与实践, 2010 (3): 50 - 53.

[111] 张承慧. 优化融资担保商业模式 提升融担体系服务效率 [J]. 金融论坛, 2019 (7): 3 - 8.

[112] 张海燕. 小微企业融资中的银企信任形成机制研究 [D]. 镇江: 江苏大学, 2020.

[113] 张洪润. 金融服务小微企业策略研究——以农行无锡分行为例 [J]. 现代金融, 2019 (12): 3 - 6.

[114] 张建波. 中小企业信用担保市场低效率的原因及对策 [J]. 华东经济管理, 2009, 23 (12): 78 - 80, 125.

[115] 张金清, 阚细兵. 银行业竞争能缓解中小企业融资约束吗? [J]. 经济与管理研究, 2018, 39 (4): 42 - 54.

[116] 张夏青. 三类担保公司运行效率实证分析——以河南省担保公司为研究样本 [J]. 科技进步与对策, 2015 (8): 29 - 34.

[117] 张晓玫, 宋卓霖. 保证担保、抵押担保与贷款风险缓释机制探究——来自非上市中小微企业的证据 [J]. 金融研究, 2016 (1): 83 - 98.

[118] 张旭东. 基于合约理论的银行与担保机构信息沟通机制研究 [J]. 统计与决策, 2013 (5): 67 - 69.

[119] 张亚洲. 内部控制有效性、融资约束与企业价值 [J]. 财经问题研究, 2020 (11): 109 - 117.

[120] 张一超, 陈时峰, 赵宏恩. 关于完善政府性融资担保管理运营机制的探讨 [J]. 地方财政研究, 2023 (3): 47 - 52.

[121] 章晓懿，刘帮成. 社区居家养老服务质量模型研究——以上海市为例 [J]. 中国人口科学，2011（3）：83－92，112.

[122] 赵玲，战昱宁. 我国科技型小微企业融资保障体系研究 [J]. 未来与发展，2018，42（1）：60－65.

[123] 赵玲，黄昊. 数字化时代董事信息技术背景对内部控制有效性影响研究 [J]. 云南财经大学学报，2022，38（5）：80－101.

[124] 赵卫宏，熊小明. 网络零售服务质量的测量与管理——基于中国情境 [J]. 管理评论，2015，27（12）：120－130.

[125] 郑文莉，彭革，郑俊. 小微企业融资担保创新及风险防控 [J]. 新金融，2019（4）：39－42.

[126] 郑月龙，张卫国. 中小企业团体贷款中违约行为的演化博弈分析 [J]. 系统工程，2016，34（5）：8－14.

[127] 钟丽萍，罗世猛. 情报研究有效性评价的相关概念及理论构建 [J]. 情报理论与实践，2014，37（2）：9－13.

[128] 钟田丽，孟晞，秦捷. 微小型企业互助担保运行机制与模式设计 [J]. 中国软科学，2011（10）：138－145.

[129] 仲伟周，王新红. 担保机构与银行合作的最优担保规模 [J]. 西安交通大学学报（社会科学版），2010（11）：25－29.

[130] 左文明，陈华琼，张镇鹏. 基于网络口碑的 B2C 电子商务服务质量管理 [J]. 管理评论，2018，30（2）：94－106.

[131] Alimohammadzadeh K，Bahadori M，Hassani F. Application of analytical hierarchy process approach for service quality evaluation in radiology departments：A cross-sectional study [J]. Iranian Journal of Radiology，2016，13（1）.

[132] Allinson G，Robson P，Stone I. Economic evaluation of the Enterprise Finance Guarantee（EFG）scheme [R]. 2013.

[133] Almas H. The effect of credit guarantees on SMEs' R&D investments in Korea [J]. Asian Journal of Technology Innovation，2015，23（3）：407－421.

[134] Andersen P，Petersen N C. A procedure for ranking efficient units in data envelopment analysis [M]. Informs，1993.

［135］Aolin L, Guangyuan X, Weiguo F. Credit risk transfer in SME loan guarantee networks［J］. Journal of Systems Science and Complexity, 2017, 30 (5)：1084 – 1096.

［136］Arito O, Iichiro U, Yukihiro Y. Are lending relationships beneficial or harmful for public credit guarantees? Evidence from Japan's emergency credit guarantee program［J］. Journal of Financial Stability, 2013, 9 (2)：151 – 167.

［137］Asdrubali P, Signore S. The economic impact of EU guarantees on credit to SMEs evidence from CESEE countries［J］. European Economy Discussion Papers, 2015.

［138］Beck T, Klapper L F, Mendoza J C. The typology of partial credit guarantee funds around the world［J］. Journal of Financial Stability, 2010, 6 (1)：10 – 25.

［139］Berger A N, Udell G F. Relationship lending and lines of credit in small firm finance［J］. Journal of Business, 1995 (3)：351 – 381.

［140］Boschi M, Girardi A, Ventura M. Partial credit guarantees and SMEs financing［J］. Journal of Financial Stability, 2014, 15：182 – 194.

［141］Caselli S, Corbetta G, Rossolini M et al. Public credit guarantee schemes and SMEs' profitability：Evidence from Italy［J］. Journal of Small Business Management (Wiley), 2019, 11 (57)：555 – 578.

［142］Charnes A, Cooper W W, Rhodes E. Measuring the efficiency of decision making units［J］. European Journal of Operational Research, 1978, 2 (6)：429 – 444.

［143］Chau-Jung K, Chin-Ming C, Chao-Hsien S. Evaluating guarantee fees for loans to small and medium-sized enterprises［J］. Small Business Economics, 2011, 37 (2)：205 – 218.

［144］Chen T C. Applying linguistic decision-making method to deal with service quality evaluation problems［J］. International Journal of Uncertainty Fuzziness & Knowledge Based Systems, 2001 (9)：103 – 114.

［145］Chen Y. Collateral, loan guarantees, and the lenders' incentives to resolve financial distress [J]. The Quarterly Review of Economics and Finance, 2006, 46 (1): 1 – 15.

[146] Cowling M, Clay N. An assessment of the loan guarantee scheme [J]. Journal of Small Business and Enterprise Development, 1994, 1 (3): 7 – 13.

[147] Cowling M, Robson P, Stone I et al. Loan guarantee schemes in the UK: The natural experiment of the enterprise finance guarantee and the 5 year rule [J]. Applied Economics, 2017, 50 (20): 1 – 9.

[148] Cui X, Zhong T. The DEA operational efficiency evaluation of credit guarantee institutions [C]. International Conference on Business Intelligence & Financial Engineering. IEEE, 2009.

[149] Dereeper S, Lobez F, Statnik J C. Bank credit rates across the business cycle: Evidence from a French cooperative contracts data base [J]. Journal of Banking & Finance, 2020 (32): 102 – 112.

[150] Devinaga R, Tan T M. Review of Credit Guarantee Corporation Malaysia (CGCM) initiatives to enhance small and medium enterprises performance [J]. International Journal of Business and Management, 2012, 7 (20): 101.

[151] Domeher, Daniel. Land rights and SME credit: Evidence from Ghana [J]. International Journal of Development Issues, 2012, 11 (2): 129 – 143.

[152] Donald D C. Smart precision finance for small businesses funding [J]. European Business Organization Law Review, 2020, 21 (1): 199 – 217.

[153] Farah K. Developing a service quality model for private higher education institutions in Lebanon [J]. Social Science Electronic Publishing, 2018.

[154] Francesco C. Corporate governance characteristics and default prediction modeling for small enterprises: An empirical analysis of Italian firms [J]. Journal of Business Research, 2015, 12 (5): 1012 – 1025.

[155] Gabbi G, Giammarino M, Matthias M et al. Does face-to-face contact matter? Evidence on loan pricing [J]. European Journal of Finance, 2020, 26 (7 – 8): 820 – 836.

[156] Gai L, Ielasi F, Rossolini M. SMEs, public credit guarantees and mu-

tual guarantee institutions [J]. Journal of Small Business and Enterprise Development, 2016, 23 (4): 1208 – 1228.

[157] Gendron M, Son Lai V, Soumaré I. Effects of maturity choices on loan-guarantee portfolios [J]. The Journal of Risk Finance, 2006, 7 (3): 237 – 254.

[158] Giebel M, Kraft K. External financing constraints and firm innovation [J]. Journal of Industrial Economics, 2019, 67 (1): 91 – 126.

[159] Godwin J U, Kallol K B, Peeter J K. Using SERVQUAL to assess the quality of e-learning experience [J]. Computers in Human Behavior, 2011, 27 (3): 1272 – 1283.

[160] Gray S, Mahieux T, Reyes G et al. Making guarantee funds work for small and micro enterprises [M]. ILO, 2000.

[161] Gronroos C. A Service quality model and its marketing implications [J]. European Journal of Marketing, 1984, 18 (4): 36 – 44.

[162] Hakan A. Evaluating the credit guarantee fund (Kgf) of turkey as a partial guarantee program in the light of international practices [J]. International Journal of Business and Social Science, 2012, (3): 79 – 92.

[163] Huang X Q, Li Z H, Wang J L et al. A KSA system for competency-based assessment of clinicians' professional development in China and quality gap analysis [J]. Medical education online, 2022, 27 (1).

[164] Hway-Boon O, Muzafar S H, Alias R M et al. Evaluating a credit guarantee agency in a developing economy: A non-parametric approach [J]. International Journal of Social Economics, 2003, 30 (1/2): 143 – 152.

[165] Iqbal S, Bilal A R. Energy financing in COVID-19: How public supports can benefit? [J]. China Finance Review International, 2021, 12 (2): 219 – 240.

[166] Jiang J J, Klein G, Carr C L. Measuring information systems service quality: SERVQUAL from the other side [J]. Mis Quarterly, 2002, 26 (2): 145 – 166.

[167] Ju Y, Sohn S Y. Stress test for a technology credit guarantee fund based

on survival analysis [J]. Journal of the Operational Research Society, 2015, 66 (3): 463 – 475.

[168] Kabir H M, Sanchez B, Ngene G. Scales and technical efficiencies in Middle East and North African (MENA) micro financial institutions [J]. International Journal of Islamic & Middle Eastern Finance & Management, 2012, 5 (2): 157 – 170.

[169] Kevin C, Alejandro D, Álvaro Y. The effect of credit guarantees on credit availability and delinquency rates [J]. Journal of Banking & Finance, 2015 (59): 98 – 110.

[170] Khan M S, Mahapatra S S. Service quality evaluation of technical institutions using data envelopment analysis [J]. International journal of productivity & quality management, 2007, 3 (3): 127 – 143.

[171] Kuo C J, Chen C M, Sung C H. Evaluating guarantee fees for loans to small and medium-sized enterprises [J]. Small Business Economics, 2011, 37 (2): 205 – 218.

[172] Lagazio C, Persico L, Querci F. Public guarantees to SME lending: Do broader eligibility criteria pay off? [J]. Journal of Banking & Finance, 2021 (1): 106 – 287.

[173] Leibenstein H. Allocative efficiency vs. X-Efficiency [J]. American Economic Review, 1966, 56 (3): 392 – 415.

[174] Leng A L, Wang M D, Chen H M et al. Can loan guarantee promote innovation behaviour in firms? Evidence from Chinese listed firms [J]. Applied Economics, 2022, 54 (11): 1318 – 1334.

[175] Liang L W, Huang B Y, Liao C F et al. The impact of SMEs' lending and credit guarantee on bank efficiency in South Korea [J]. Review of Development Finance, 2017, 5 (2): 41 – 47.

[176] Lien-Wen L, Bor-Yi H, Chih-Feng L, Yu-Ting G. The impact of SMEs' lending and credit guarantee on bankefficiency in South Korea [J]. Review of Development Finance, 2017, 7 (2).

［177］ Lorenzo G, Federica I. Operational drivers affecting credit risk of mutual guarantee institutions ［J］. The Journal of Risk Finance, 2014, 15 (3): 275 - 293.

［178］ M. Elena Gómez-Cruz. Electronic reference services: A quality and satisfaction evaluation ［J］. Reference Services Review, 2019, 47 (1): 118 - 133.

［179］ Marc C, Josh S. Public Intervention in UK small firm credit markets: Value-for-money or waste of scarce resources? ［J］. Technovation, 2013, 33 (8 - 9): 265 - 275.

［180］ MeHdi B. Third-party credit guarantees and the cost of debt: Evidence from corporate loans ［J］. Review of Finance, 2022, 26 (2): 287 - 317.

［181］ Miao W, Economics S O. Research on the risk sharing ratio of the guarantee loans in micro, small and medium enterprises based on the two party cooperation game model with government subsidies ［J］. Journal of Business Economics, 2017 (3): 62 - 68.

［182］ Nasiru M, Jibril S A, Sani R M et al. Stimulating growth and minimizing risk in ggricultural lending under the Agricultural Credit Guarantee Scheme Fund (ACGSF) in Bauchi State, Nigeria ［C］. Faman Conference, 2005.

［183］ Niu Z, Cheng D, Zhang L et al. Visual analytics for networked-guarantee loans risk management ［C］. Pacific Visualization Symposium (Pacific Vis) Computer Society, 2018, 33 (2): 165 - 175.

［184］ Nojavan M, Heidari A, Mohammaditabar D. A fuzzy service quality based approach for performance evaluation of educational units ［J］. Socio-Economic Planning Sciences, 2021, 73.

［185］ Oh I, Lee J D, Heshmati A et al. Evaluation of credit guarantee policy using propensity score matching ［J］. Small Business Economics, 2009, 33 (3): 335 - 351.

［186］ Oldani C. On the perils of structured loans financing in France and Italy ［J］. Global Policy, 2019, 10 (3): 391 - 396.

［187］ Othman C, Maisyarah M N. Does the micro financing term dictate the performance of micro enterprises? [J]. Procedia Economics and Finance, 2016, 35 (4): 281 – 286.

[188] Owolabi H, Oyedele L, Alaka H et al. Stimulating the attractiveness of PFI/PPPs using public sector guarantees [J]. World Journal of Entrepreneurship, Management and Sustainable Development, 2019, 15 (3): 239 – 258.

[189] Parasuraman A, Zeithamiv A, Berry L L. Reassessment of expectations as a comparison standard in measuring service quality: Implications for further research [J]. Journal of Marketing, 1994, 58 (1): 111 – 124.

[190] Parasuraman A, Zeithamiv A, Berry L L. Servqual: A multiple-item scale for measuring customer perceptions of service quality [J]. Journal of Retailing, 1988, 64 (1): 12 – 40.

[191] Parasuraman A, Zeithamlv A, Berry L L. A conceptual model of service quality and its implications for future research [J]. Journal of Marketing, 1985, 49 (3): 41 – 50.

[192] Patrick H. Partial credit guarantees: Principles and practice [J]. Journal of Financial Stability, 2010, 6 (1): 1 – 9.

[193] Peprah A A, Atarah B A. Assessing patient's satisfaction using SERVQUAL model: A case of Sunyani Regional Hospital, Ghana [J]. 2014, 4 (2): 133 – 143.

[194] Riding A L, Haines G. Loan guarantees: Costs of default and benefits to small firms [J]. Journal of business venturing, 2001, 16 (6): 595 – 612.

[195] Ruiqi Z, Adrian P. Using servqual to measure the service quality of travel agents in guangzhou, south China [J]. Journal of Services Research, 2009: 57 – 107.

[196] Saito K, Tsuruta D, Economics A et al. Information asymmetry in small and medium enterprise credit guarantee schemes: Evidence from Japan [J]. Applied Economics, 2018, 50 (3): 1 – 17.

[197] Salvatore Z, Marco V. The impact of public guarantees on credit to SMEs [J]. Small Business Economics, 2009, 32 (2): 191 – 206.

[198] Schvaneveldt S J, Enkawa T, Miyakawa M. Consumer evaluation perspectives of service quality: Evaluation factors and two-way model of quality [J]. Total Quality Management, 2 (2): 149 - 162.

[199] Sohn S Y, Kim S. Improved technology scoring model for credit guarantee fund [M]. Pergamon Press, Inc. 2005.

[200] Sohrf S Y, Moon T H, Kim S. Improved technology scoring model for credit guarantee fund [J]. Expert Systems with Applications, 2005, 28 (2): 327 - 331.

[201] Song P C, Zhang H, Zhao Q. Innovative Credit Guarantee Schemes with equity-for-guarantee swaps [J]. International Review of Financial Analysis, 2021, 77 (1): 101809.

[202] Stefan A, Gyöngyi L, Alan D. Morrison. Public initiatives to support entrepreneurs: Credit guarantees versus co-funding [J]. Journal of Financial Stability, 2010, 6 (1): 26 - 35.

[203] Stiglitz J E, Weiss A. Credit rationing in markets with imperfect information [J]. American Economic review, 1981, 71 (3): 393 - 410.

[204] Sun H L, Eung-Soon L, Jinyoung H. Do credit guarantees for small and medium enterprises mitigate the business cycle? Evidence from Korea [J]. Empirical Economics, 2017, 52 (4): 1 - 12.

[205] Sun W B, Jafaro A, Emmanuel K A. Financing SMEs in Ghana: Evidence of the optimal credit guarantee ratio [J]. International Journal of Trade and Global Markets, 2022, 15 (1).

[206] Syed A R, Muhammad A. Service quality perception and customer satisfaction in islamic banks of pakistan: The modified SERVQUAL model [J]. Total Quality Management & Business Excellence, 2015, 266 (3): 594 - 600.

[207] Taghizadehhesary F, Yoshino N, Fukuda L et al. A model for calculating optimal credit guarantee fee for small and medium-sized enterprises [J]. Economic Modelling, 2021, 95: 361 - 363.

[208] Thakor A V. Moral hazard and secured lending in an infinitely repeated

credit market game [J]. International Economic Review, 1994 (4): 899 – 920.

[209] Thomas P V D, Victor R P, Leon A K. Cautions on the Use of the SE-RVQUAL measure to assess the quality of information systems services [J]. Decision Sciences, 2010, 30 (3): 877 – 891.

[210] Tiwari S, Rosak-Szyrocka J, Ywioek J. Internet of things as a sustain-able energy management solution at tourism destinations in India [J]. Energies, 2022, 15 (7): 1 – 20.

[211] Tsolas I E, Giokas D I. Bank branch efficiency evaluation by means of least absolute deviations and DEA [J]. Managerial Finance, 2012, 38 (8): 768 – 785.

[212] Uesugi I, Sakai K, Yamashiro G M. The effectiveness of public credit guarantees in the Japanese loan market [J]. Journal of the Japanese and International Economies, 2010, 24 (4): 457 – 480.

[213] Ughetto E, Scellato G, Cowling M. Cost of capital and public loan guarantees to small firms [J]. Small Business Economics, 2017, 49 (2): 319 – 337.

[214] Valiyappurakkal V K. Evaluation of the effect of preconception due to past experience on the perception of building performance of an Indian hostel [J]. Building and Environment, 2022, 215.

[215] Veljko M, Vladimir S, Milan K. Investigating the impact of SE-RVQUAL dimensions on customer satisfaction: The lessons learnt from serbian travel agencies [J]. International Journal of Tourism Research, 2013, 15 (2): 184 – 196.

[216] Wang Y, Zhang Q, Yang X. Evolution of the Chinese guarantee net-work under financial crisis and stimulus program [J]. Nature Communications, 2020, 11 (1): 26 – 93.

[217] Xia X, Gan L. Financing with equity-for-guarantee swaps and dynamic investment under incomplete markets [J]. Economic Modelling, 2020, 98: 349 – 360.

[218] Xu R Z, Guo T T, Zhao H W. Research on the path of policy financing guarantee to promote SMEs' green technology innovation [J]. Mathematics, 2022, 10 (4): 642.

[219] Youqing L, Guojian M, Juan D. Breakthrough path of low-level equilibrium of China's policy-oriented financing guarantee market [J]. Frontiers in Psychology, 2022, 13 (6): 1 – 13.

[220] Zecchini S, Ventura M. Public Credit Guarantees and SME finance [J]. Isae Working Papers, 2006.

[221] Zhao, Li, Guo. Research on the credit guarantee of SMEs [C]. International Conference on Management & Service Science, 2011, 39 (5): 215 – 224.

后　记

　　融资担保服务质效，关系小微企业融资难问题的缓解，也关系融资担保行业的可持续发展。在本书相关研究过程中，部分阶段性成果已在《预测》《经济体制改革》《统计与信息论坛》《系统科学与数学》等国家自然科学基金委员会管理科学部认定的 30 种重要期刊、CSSCI 来源期刊、CSCD 来源期刊等公开发表。部分研究成果被国内公开发表的论文多次引用，成果的主要观点被政府有关部门采纳，丰富和拓展了融资担保领域的研究成果，对融资担保公司和行业的发展有一定的指导意义。

　　在调研过程中，得到了江苏省信用担保协会、江苏省银监局盐城分局、江苏银行苏州分行、南京银行、中国农业银行镇江分行等单位的大力支持。我指导的研究生丁晓丽、蒋海芸、许高铭梳理了相关文献、提供了部分章节的初稿，钱金悦、汪晶晶、孙浩对书稿内容进行了整理，柏露、范歆婷、张一睿、侯杰对书稿进行了校对。本书的出版得到了江南大学学术专著出版基金、江南大学商学院学术专著出版基金的资助。在此，对以上单位和个人表示衷心的感谢！同时，感谢经济科学出版社经管编辑中心崔新艳、胡成洁编辑对本书出版的大力支持以及提出的宝贵意见。

　　本书在撰写过程中借鉴了许多国内外相关成果，均已列出，如有遗漏，敬请指正。由于笔者学识水平所限，本书可能还存在一些不足，敬请各位专家同仁批评指正！

文学舟

2023 年 7 月